小さな不動産会社の

一人勝ち戦略

徳島 雅治

幻冬舎MC

はじめに

2020年、東京で2度目のオリンピックが開催されようとしています。

リーマンショックや東日本大震災を経て落ち込んだ日本経済は、2018年現在、バブル期さらには戦後最大の「いざなぎ景気」をも超える好景気となりつつある旨が政府から発表されました。事実、有効求人倍率は当時を超える高水準で、企業の業績も過去にないほどの絶好調。日経平均株価にいたっては2017年11月7日、東京株式市場で2万2937円を記録し、1992年1月9日の2万3113円以来、約25年10カ月ぶりの高水準となりました。

ところが好景気の恩恵はほぼ大手企業に集中し、中小企業は依然厳しい経営を強いられています。それは不動産業においてもしかり。大手不動産業者は好業績を上げる一方で、小さな不動産業者はほぼ「瀕死」の状態にあるといってもいいでしょう。

帝国データバンクの調べによると、2016年度の不動産代理・仲介業者の倒産件数は93件で、前年度の75件を上回り、3年振りの増加となりました。負債額別では、負債5000万円未満の小規模倒産が68件を数え、全体の7割を超えています。

過去の例からも、オリンピック開催国はその翌年以降、不況に陥ることは明らかであるうえ、中東や東アジアを筆頭に世界各地で不穏な空気が漂い、地球規模の金融危機が再び訪れる可能性も否定できません。

大手不動産業者でさえ打撃を受けかねない不透明な将来、ましてや「町の不動産屋」はひとたまりもありません。いったいどうすれば生き残ることができるのでしょうか。

もともと私は経営コンサルタントとして、企業再生・事業再生で、シャッター通りとなった商店街の再建などを手掛けてきたのですが、たまたま妻の実家である不動産会社の経営が伸び悩んでいたため、義兄である現社長とともに再建へ向け経営に参画していくことになりました。ただ私が属している程度の「町の不動産屋」は、規模も財力も機動力も、大手に適うところは一つもありません。とはいえ、ガラス窓を物件の広告で埋めて客が来るのを待つ「待ちの不動産屋」では先行きは見えています。

私の経験から言えることは、「大手には決して真似できない領域」で勝負すればよいということです。「町の不動産屋」には、頼り頼られる「地元」があります。その地の利は、大手が持ち得ない最大の武器です。例えば、セールス担当者には〝新聞配達員〟並みに地元に精通するよう義務付けたり、〝地域の何でも屋〟として近隣住民の信頼を勝ち取るなど、「町の不動産屋」ならではのメリットをフルに活かせばよいのです。私たちはこれを「超地域密着経営」と呼んでいます。こうした努力がようやく結実し、経営に参画した当初1億円だった年商を、約3年で5億円まで押し上げることができました。私たちの生命線は、地元にできるだけ寄り添い、従来以上に町や人とのコミュニケーションを強くしていくことなのです。

そのノウハウを、同業者である小規模不動産の経営者の皆様にぜひ知っていただきたく、本書を執筆することを決断しました。もし本書の中のわずか一言でも経営のヒントとなるようでしたら、著者としてこれに勝る喜びはありません。

小さな不動産会社の一人勝ち戦略　目次

［第4章］　最低限のコストで住民の心を動かし、自社を印象付ける広告戦略

［第1章］

オリンピック景気で儲かっているのは大手だけ 小規模不動産会社に訪れる苦難の時代

不動産業界の倒産は「小規模」が7割

不動産市場は2018年現在、活況にあるといってよいでしょう。

国土交通省が毎月発表している「不動産市場動向マンスリーレポート」（図表1、2）や土地代データの「日本全国の地価推移グラフ」（図表3）によると、確かに前年よりは落ち着いてきた感はありますが、それでも不動産市場全体は2013年から緩やかに右肩上がりの傾向にあります。これはおそらく、安倍晋三内閣による「アベノミクス」効果などが影響し、住宅ローンの金利も低下したうえ、中国を中心とした海外からの不動産投資が増えてきたことなどによるものだと推測できます。

中国富裕層の「爆買い」が一旦収まり、高騰しすぎた価格は適正価格へと下がってきたものの、今なお新築マンションは続々と建設されています。2020年の東京オリンピックを控え、インフラやホテルの整備などで地価が上昇していることも一因でしょう。

また特に東京を中心とした首都圏の中古マンションの人気は依然衰えず、不動産市場の

[図表1]〈新築マンション：首都圏・東京都区部〉平均価格と㎡単価の推移

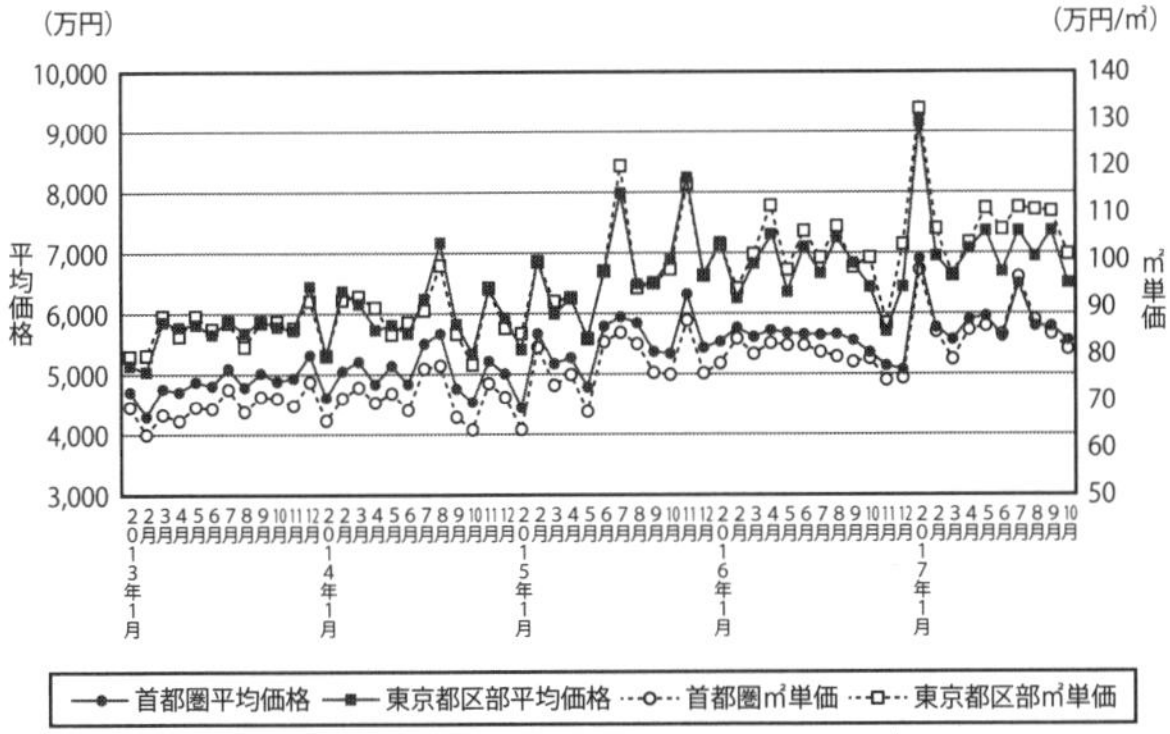

出典：不動産経済研究所「不動産経済調査月報」、「全国マンション市場動向」

[図表2]〈中古マンション：首都圏・東京都〉成約平均価格と㎡単価の推移

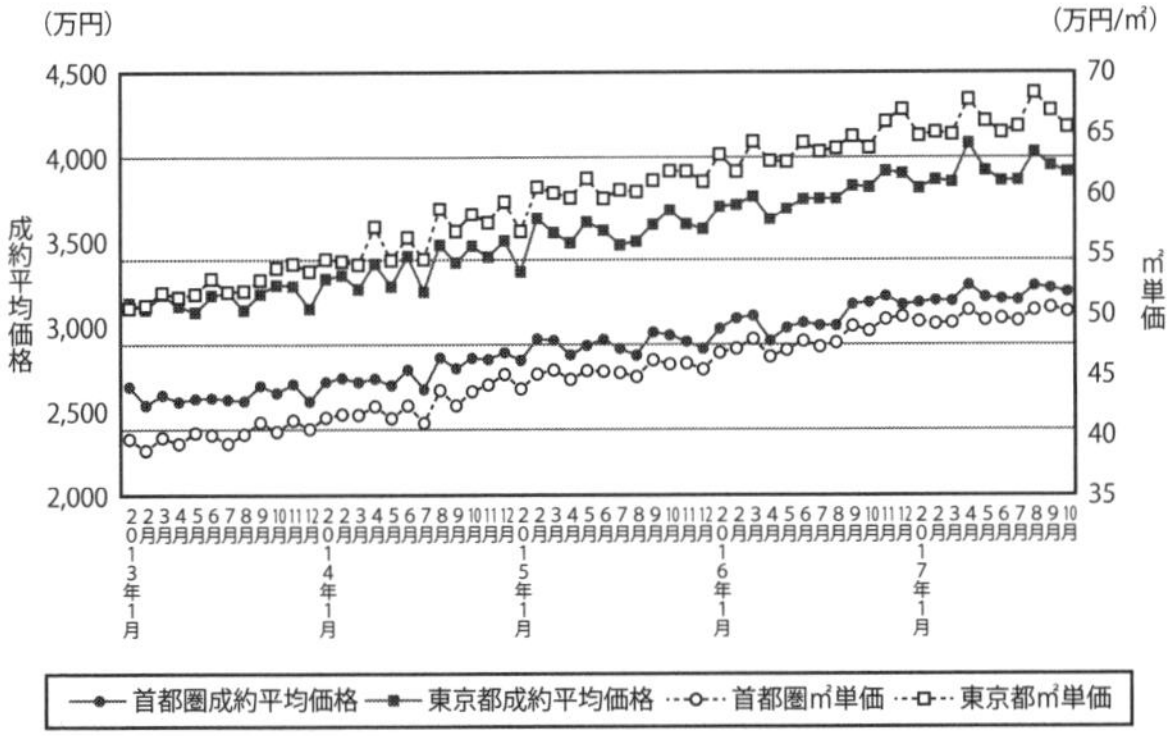

出典：(公財) 東日本不動産流通機構「マーケットウオッチ」

［図表３］土地代データ「日本全国の地価推移グラフ」

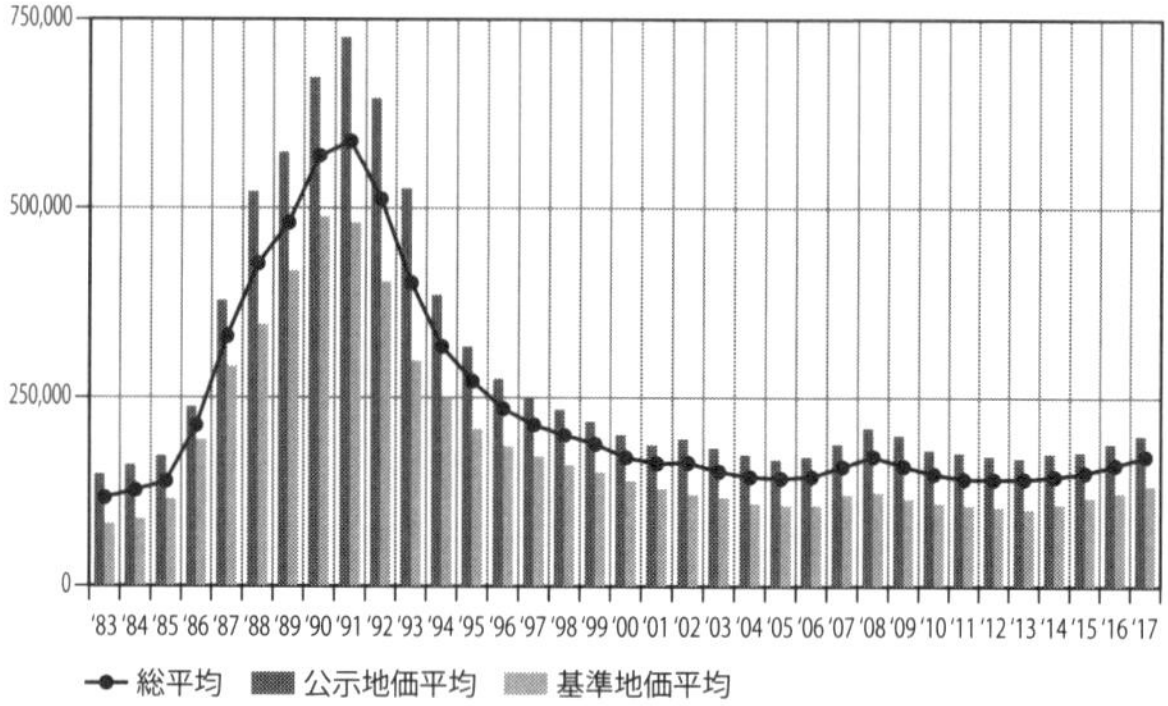

底上げに貢献しています。住宅ローンが低金利のうちに住宅を購入する、または相続税対策や自己年金創出のためにマンションやアパートなどの不動産を購入するという人が増えているからだと思われます。特に都心の物件やターミナル駅周辺の物件の売買は堅調で、しばらくは安定した資産として投資対象になっていくでしょう。

その一方で、２０１６年度の不動産仲介業の倒産は前年度を上回っており、そのうちの７割は負債５０００万円未満の小規模企業であるという事実もあります。

不動産市場が好況だとはいっても、オリンピック関連施設や大規模商業施設や高層マンションなど大型事業の建設はごくひと握りの大手一流ゼネコンに集中しているのが現状です。同様に、不動産売買や賃貸の分野も名の知れた大手にかすめ取られ、中小不動産業はほとんど恩恵を受けていません。その結果がこの倒産数から読み取れます。

急速にシェアを拡大する大手の手法とは

建設部門はさておき、不動産売買や賃貸などの仲介業で、なぜ中小企業が破綻していくのか。それには当然とも思える理由があります。

やはり圧倒的に不利なのは、企業の持つネームバリューやイメージの差です。大手の中には旧財閥系や電鉄の冠がついているところもあり、テレビCMや広告などで目立っています。全国規模で事業展開しているため支店数や社員数、資金力など企業規模がそもそも異なります。すでに名前を知られているということは、売る側、買う側、貸す側、借りる側にとって存在感や安心感があり、とても大きなアドバンテージとなります。

また不動産情報の提供にはインターネットが駆使され、昨今の住居探しのスタイルが大きく変化したことも影響しています。

たとえばひと昔前、大学進学や就職で上京した若者たちは、自分の住みたい場所、学校や勤務地に通うのに都合のいい場所の見当をつけ、その駅に降り立って駅前の不動産屋に飛び込むというスタイルが主流でした。後にアパマン関連の情報誌が台頭しますが、それでも実際に管理する不動産屋に連絡し、部屋を見て決めていました。

ところが、近年ではパソコンやスマートフォンなどから住居を検索し、場合によっては実際に行かなくても写真や動画などで部屋を選ぶことができるまでになっています。

不動産は通常の場合、指定流通機構に情報を登録しなければならず、数あるウェブサイトも駅前の不動産屋も、一部の例外を除いて同じ情報を共有しているので、どこからアプローチしても同じデータが出てきます。ただ、これだけインターネットが進化した時代になると、せっかくの休日にわざわざ出かけて何となく住まいを探すより、自宅からインターネット経由で情報を数件に絞り込んで、ピンポイントで探すほうが圧倒的に便利で楽なことは間違いありません。

そうなると、ユーザーが検索しやすいウェブサイトを作ることができる技術や資金力を持ち、大量の情報提供ができる大手不動産業者のほうが有利なことは明らかです。大手不動産業者が有名なポータルサイトや通信事業者と提携してしまえば、町の不動産屋は出る幕ではありません。

一方、管理オーナー、つまり大家さんの側としても、従来のように地元の不動産屋にお願いすることが減っています。それは、不動産売買や賃貸系の大手企業が、知名度と機動力を駆使して、まるで「絨毯爆撃」のように、ある一帯に住む大家さんや不動産を売りたいと考えている潜在的なオーナーたちの掘り起こしと取り込みに入っていくからです。まったくその土地に縁もゆかりもない企業ですが、名前が知られているために大家さん側も「ここなら大丈夫そう」と安心し、お願いすることになります。

大手企業の取り込み方も優れており、たとえば仲介手数料を半額にする、広域な情報提供が可能なことをアピールする、何かしらの特典を付ける、といった方法で多くの大家さんを囲い込んでいきます。そもそも資金力があり、扱う件数も多いとなれば、多少のサービスはいくらでも可能です。

またアパートを経営している大家さんがもっとも恐れるのは、空室ができることです。大家さんが高齢の場合、年金だけでは足りずに家賃収入を当てにしている方は実際に大勢います。若い大家さんの場合は、家賃収入の一部を建築ローンの返済に利用している例が多々あります。こんなケースで一部屋でも空きができると、収入が不足することになり、自身の生活に支障をきたしかねません。

一方、個人で経営していると宣伝ができず住人の確保が難しくなります。さらに住人の管理以外にも、アパートの補修や清掃など大変な手間がかかり、その労力だけで参ってしまうこともあります。こうした大家さんに対して「情報提供はウェブでいくらでも可能です」「うちが清掃や管理もすべて代行します」などと大手不動産業者が歩み寄ってくれれば、空室も埋めてくれる可能性が高く、管理全般を任せることができます。多少の手数料を取られても、自分の手を離れて自動的に収入が入ってくるのであれば、こんなに楽なことはありません。

大手は管理しているアパートやマンション、戸建住宅などに修理やリフォームが必要になれば、大家さんに連絡して修理や建て替えなどを勧めることもあります。建物がきれいになれば、またそこで資産価値がアップし、空室ができても少し高い家賃で入居させることができます。やがて建物が古くなって人が入りにくくなったり、大家さんが亡くなって資産を分与する形になったりしたときに、その土地・建物を買い取って別の買い手に転売すればいいのです。この手法は中小不動産屋でも同様に行っていることではありますが、大手が積極的に大家さんに働きかけ、面倒見の良さをアピールすれば大家さん側もそのまま任せてしまおうと考えるのは当然です。言い換えれば、町の不動産屋はこのような積極的な営業努力をあまりしてこなかったということにもなります。

このような形で、大手は強大な総合力を使って無縁の地域に入り、大家さんたちの懐に入り込んでいくのです。もちろんそれは悪いことではありません。むしろ大手なりのしっかりとした営業努力です。大手不動産業者の機動力には、通常の街場の不動産屋がどうあがいても歯が立ちません。

大手の機動力と粘り強さを理解するうえでわかりやすいのは、表参道ヒルズや虎ノ門ヒルズなどを手掛けた森ビル株式会社の事業です。森ビルは東京のど真ん中、大勢の人が集まる地域にマンションや事務所が入った複合型商業施設を建てることで知られています。そのプロジェクトのひとつひとつが、気の遠くなるような作業の積み重ねの上に成り立っています。

東京都心は、戦後の焼け野原から復興した土地柄、どこの誰が土地の所有権を持っているのか容易にはわかりません。法律上、どんな小さなスペースでも、その所有者をきちんと見つけ出さなければ土地を取得できないため、何年もかけて果てしない追跡調査と交渉を試み、小さな地面を買い集めてひとつの巨大な土地を確保するのです。地域一帯の避難所となる防災設備を整えれば、建設の際に国からの補助金も得られます。このように砂浜から粒を集めてひとつにまとめるような作業は、いくら土地勘のある住民でも簡単にはできません。それをやり遂げてしまうのが森ビルという会社です。

こうした機動力と粘りは、町の不動産屋にはありません。人づて、業界づてに「あそこの土地が売りに出そうだよ」という話を聞いて、良さそうなら「じゃあ、引き受けるか」

と土地を買い、アパートにしたり、そのまま販売したりする「受け身」の仕事が主となります。私の会社も、以前はそんなタイプの不動産屋であったことを否定はしません。

また町の不動産屋の悪いところは、さほど動かなくても食べていけるだけの利益が出てしまうという点です。管理しているのがかなり古ぼけたアパートでも、人が入ればそこそこの収益になってしまいます。空室があってもほかの何部屋かが借りられていれば、仲介手数料という収益が入ってくるわけです。どんなに古い建物で空室があっても、たまに空き部屋に人が入ってくれれば、収益が増えるので願ったり叶ったりです。

このように積極的な働きかけを行わなくても、町の不動産屋はとりあえず収入を得られるので、駅前などでじっとしていてもさほど困らず暮らしていけることになるのです。これが「町の不動産屋」の実態です。

そんな競争も何もない地域に強大な力を持った大手不動産業者が乗り込んできて、見る見る間に、本当は商売になったであろう不動産を奪われてしまい、最終的にその一帯は大手が扱う物件ばかりに偏ってしまうのです。町の不動産屋はどんどん追いやられ、手持ちの物件もいつの間にか失い、気がつけば負債だけを背負って倒産する。これが、中小不動産業者が生き残れない現代の業界事情です。

町の不動産屋が大手に敵わない3つの理由

どうして、小さな不動産屋が簡単に大手に負けてしまうのか。ここには3つの理由があると私は考えます。前述とのダブリもありますが、あらためてここで整理しましょう。

①チャレンジしようとしない

「入るを量りて出ずるを為す」という言葉をご存知でしょうか。これは中国の四書五経のうちの五経のひとつ「礼記」に記された言葉ですが、江戸時代の農政家・二宮尊徳が財政再建の際に用いた考え方で、また近年では、日本航空が破綻した際に再建を任された稲盛和夫氏が引用したことで再認識されました。

これは何も高尚な意味を持つ言葉ではなく、実に単純明快かつ有効な発想です。収入をどんどん増やし、支出をできるだけ抑えることで財政を立て直すという意味で、経営者にとっては実に常識的な考え方です。これを素直に実践すれば、黒字になるのは当然です。ところが、経営に失敗している企業は、この単純な考え方のどこかでボタンの掛け違いを起こし、出て行く分に対して入ってくる分が十分ではなくなっているのです。

原因はいろいろとあります。日本や世界の経済状況、天災、地政学的問題などの外的要因から、内部の混乱、経費の無駄遣いなど社内のコントロールが効いていない内的要因まで、ケースはさまざまです。

特にここで注目したいのは外的要因です。業界がどのように変化し、現在は何がトレンドになっているのか。経営者であれば常にアンテナを張り巡らせ、何よりこの点をすかさず捉えておかなければなりません。

しかし時代やトレンドの変化に乗ることのできなかった会社は、利益の上がりにくい従来の方法をただ繰り返していくか、遅ればせながらトレンドに乗ろうとするしかありません。後発企業となってしまった場合、先行企業を追い抜くようなよっぽどのアイデアがないかぎり、二番煎じ、三番煎じに甘んじ、新たな設備投資や人件費などにかかったコストを取り戻すのに苦労するでしょう。どちらを選択しても、結局は経営のバランスが崩れ、気づかぬうちに立て直しもできないほどの状況に陥ってつぶれてしまうのです。

②企業規模や資金力、機動力などの差

不動産業においては、大手の名声と資金力、機動力の面で中小不動産業者は完全に叩きのめされます。先述のように、駅前で顧客が飛び込んでくるのを口を開けて待っている「待ち」の不動産の姿勢では、積極的に絨毯爆撃を仕掛けてくる大手に敵うはずがありません。

土地の売買においても、何でもかんでも買って売ろうとしたところで、立地の利便性や住んだ際の快適さに応えるような「売れる土地」でなければ、ただ徒労に終わるだけです。結局は自転車操業から抜け出せず、どこかで足を踏み外して破綻することは目に見えています。

また、これまでそこそこやってこられた経験から、心機一転、新たに動こうとするだけの行動力も失っています。長年町の不動産仲介業に携わっていると、社長自身が高齢化し

ていることも多いですから、「自分の代で終わり」と決めて静かに暮らしていける収入さえ得られればいいという方もお見かけします。不動産業は全体的に見ればオリンピック景気に向かって伸びているはずなのに、状況把握や対応への遅れから、みすみす目の前のチャンスを逃しているように感じます。

③インターネットを駆使する技術力の差

そしてもうひとつが、先にも述べた技術力です。IT技術の目まぐるしい進歩に翻弄されて中小不動産業者は尻込みし、大手に対して著しい差をつけられているのが現状です。

住宅を求めている人は大勢います。しかも、首都圏への一極集中などと言われていますから、東京周辺には多数の潜在顧客がいるのです。しかし、住まい探しはすでにインターネット時代に入り、地域や間取り、利便性など、あらかじめセグメント分けされている情報の中から絞り込んでのアプローチとなります。また住宅の検索サイトに条件を登録しておけば、メールで適した情報がその都度送られてくるようなシステムになっていますから、顧客が自ら出歩かなくてもたくさんの情報が得られ、そこから自由に選んで見に行くことができます。さらに一旦住宅探しのウェブサイトを訪問したり、検索したりすると、アクセス者の嗜好や要望の傾向がデータとして先方に蓄積され、お勧め物件の広告がパソコンやスマートフォンなどに自動的に多く表示されるようになる「レコメンデーション・サービス」の技術などが、大手サイトでは当たり前のように使われています。こうしたシステム面でも大手の力に負けてしまっています。

自分たちの情報を不動産情報サイトに掲載すればいいのですが、その場合、サイトの運営会社に手数料を支払わなければならず、元が実入りが悪い不動産情報では手間のほうが多く、期待するほどの利益が出ないケースもしばしばです。

町の不動産屋が独自に宣伝する場合、以前なら新聞販売店にチラシを持ち込み、折り込みとして情報提供する手法がメインでした。しかし昨今、新聞を取る家庭が減少しているという問題に直面します。ご年配夫婦の家庭なら新聞を取っていることが多いので、物件募集の広告を入れることは有効ですが、敏感には反応してくれません。

一方、「そろそろ家でも買おうか」と考えている20代後半から40代ぐらいまでの世代では、情報はインターネットとテレビから得て、新聞は取らないという世帯が急増しています。不動産業者がもっとも重要なターゲットとしている人々に広告が届かないため、折り込みでチラシを入れる意味がなくなっているのです。

それに代わるのがチラシの配布サービスです。物件情報によってターゲットを絞ったチラシの投函ができるため、現在、もっともチラシを見てもらう可能性が高い方法のひとつです。チラシの投函はそれなりの効果が見込めるため、我が社でも行っていますが、世帯年収の格差が大きくなりつつある現在、一旦住んでいるところから、お金と手間をかけてあえて引っ越そうという動きが減っているのも事実です。それ以前に、何となく経営を続けている町の不動産屋は、最初から諦めているため、チラシ配布という行動さえ起こしません。

大手不動産業者と小さな不動産屋の関係は、言わば巨大な漁船で網を引き機械で巻き上げる相手に対し、防波堤から釣り竿で一匹一匹ちまちまと魚を釣り上げている釣り人のようなものなのです。

なぜ私が小出不動産にやってきたのか

小出不動産に関する書籍をまとめるにあたって、なぜ小出ではなく徳島という男が出てきたのか、と疑問に思われる方も多いと思います。その点を簡単に説明すると、私の妻が同社現代表取締役社長の小出明の妹であり、私は社長の義理の弟に当たるということ。そして、私自身がそもそも不動産会社に就職し、その後、経営コンサルタントとして企業の再建を多く手掛けてきたことが理由です。

また、創業社長が亡くなる寸前に事業継承について是非ともサポート願いたいとの要請があったことも一因です。

4年前に創業社長で義父の小出実が他界しました。その際、社長には当時専務だった長男である明が就任しましたが、昔ながらの業態に危機感を持っていた社長より今後の事業展開を相談され、度重なる協議の結果リスタートするにあたり私が会社の再建を任されたのでした。

これまで、私は広告代理店や医療関連企業、旅行会社などの再建、さらにシャッター通りと成り果てた商店街の再生などを仕事として請け負ってきました。企業の再建をするときは、ヒアリングなどを通じて客観的に関わる通常のコンサルティングではなく、社員、時には代表取締役として自らその社に乗り込み、中心となって企業を動かしていく手法を取っていました。まさに、日航の再建に尽力した稲盛和夫氏と同じやり方です。中に入って会社の非効率な部分、赤字を生み出している部分などを見つけ出して患部を切り離したり、M&Aなどで新しい血を注ぎ込んだりすることにより、会社を黒字転換させてきました。提案だけに留まらず、自らが取り仕切って有言実行し、再建するまでの責任を持つことが本当のコンサルティングであるというのが私の信念です。

そこで、再建を任されたからには、「これが人生で最後の仕事だ」と思って臨まなくてはならないと覚悟を決め、勤めていた会社を辞職して小出不動産に参画することとしました。

小出不動産は創業から67年を経過し、地元ではそれなりに知られてはいましたが、事業は旧態依然とした「待ち」の不動産屋でした。土地の売買など年に何度も成約するものではありませんでしたから、収益の多くは賃貸部門に頼ることになります。しかし、それとてジリ貧であることは間違いありません。社員は私を含めてわずか4人。この規模の会社では、それでも多いほうです。会社の売り上げも1億円あるかないかという程度でした。

家族としてではなく、コンサルタントの視点からすれば、正直なところ、どう考えても先行きは風前の灯火で、小手先で変化を加えても単なる延命措置にしか見えませんでした。ターミナルとなる羽田空港があるうえ、東京オリンピックを目前に控えていくつかの競技場が大田区に建設されるとしても、それは一時だけの話です。オリンピックの翌年に開催国が不景気に見舞われるのは、過去のオリンピックの歴史から見てもほぼ明らかです。不動産業界では、オリンピック後に8割の中小不動産仲介業はつぶれてしまうだろうと、まことしやかに語られているのです。

その8割の中に巻き込まれないようにするだけでなく、この品川区大井という立地の良さと、67年続いてきたという実績をうまく生かし、何とか利益を上げることができる会社へと変貌させることはできないか。私のこれまでのキャリアの引き出しをひっくり返しながら考え、たどり着いたアイデアを3カ年計画として打ち立て実践してきました。

その甲斐あって、入社当初1億円だった売り上げは翌年には3億円となり、3年目の2017年には5億円超と、トントン拍子に実績を上げることができたのです。現在、社員も15人に増やし、「町の不動産屋」という枠から脱皮して小規模ながらもひとつの不動産会社としての再建を果たしました。今度は次の3カ年、そしてオリンピックへと向かいます。

今立ち止まって痛切に感じるのは、「ただ待っていても何も生まれない」ということです。私は新しいビジネスモデルを導入し、「待ち」から「攻め」の不動産業者に急転換させることで、結果を出すことができました。

次章からは、どうやって収益を大幅にアップし、会社を再建させることができたのか、ビジネスモデルをできるかぎり具体的に説明していきます。

［第2章］

大手には
決して真似できない領域で勝負
地域密着を超えた
〝超地域密着経営〟に活路あり

ただの地域密着経営では先細りするだけ

第1章では不動産業界の現状と、風前の灯火となりつつある中小不動産仲介業、つまり「町の不動産屋」の決して明るくない未来について説明してきました。

さて、ここからが本題です。

では、町の不動産屋に、大手に勝るアドバンテージはあるのでしょうか。

それは、「地元がある」ということです。長年その地域の一角に店を構えてきたなら、少なくとも近所付き合いや、商売上付き合いのある人たちがいるはずです。むしろ、そんな人々がいないと、今日まで営業して来られなかったでしょう。

ただし、これまでその人々と「しか」付き合っていないのではないか、という点が危惧されます。

八百屋でも蕎麦屋でもパン屋でもみな同じ。お客さんが来てくれなければ商売は成り立ちません。ただ、こう申し上げると「だから、目立つところに看板を掲げて客が来るのを待っているんじゃないか」という声が上がるでしょう。

客を引き寄せるための努力は、どの店でも行っています。たとえば八百屋は、声を張り上げて客の注意を引いたりします。蕎麦屋は味や接客で勝負。また年末には黙っていても年越しそばの注文がそこそこ入るでしょう。パン屋も味や新作品の開発などによって個性を前面に出しているはずです。

では、不動産屋はどんな営業努力をしているのでしょうか。持っている情報のほとんどは、多くのウェブサイトで検索できるものばかり。店頭に立って「大安売り」と声を張り上げる姿も見たことはありません。むしろ、店頭のガラス窓に家やアパートの間取り図を貼って埋め尽くしているため、中の様子をうかがい知ることも難しく、ほかの商店に比べて入りにくくなってはいないでしょうか。

土地の売買情報も口コミがほとんどですから、不動産を売りたいと思っている住民が近所にいても、その情報を得ることができなければ、ただのご近所さんにすぎず商売には結びつきません。「地域密着」が町の不動産屋の強みだといえばそうかもしれませんが、それは地域に密着しているのではなく、その地域に店を出しているだけに留まっているということなのではないでしょうか。

そのように常に受け身の姿勢で商売をしていては、大手不動産業者が乗り込んできた途端にその一帯の不動産は一網打尽に奪われ、やがて自分の店の土地を売る、売らないといった話になってしまうに違いありません。近年では駅前の再開発があちこちで行われていますから、その波に飲み込まれて立ち退きせざるを得なくなることも十分考えられます。

確かに不動産屋は、ほかの商売に比べて目立った営業活動をするのが難しいかもしれません。だからといってしょうがないと諦めてしまっては、そこで終了です。この難問を解決する策はすぐ目の前にあるのです。

そう、営業活動をすればいいではありませんか。実に単純明快な回答なのですが、その点に気づいて実際に積極的な行動に移している会社は意外とありません。そのような不動産屋は地元に拠点を構えていながら、その土地の良さも知らず、知り合い以外の住民の様子や暮らしぶりもわかっていません。せっかくの地の利をまったく生かせていないのです。

変貌する大井町が注目の的に

私が入った当初の小出不動産も、その他大勢の「町の不動産屋」と寸分違わない状態でした。不動産の売買は主に大井町から離れた地域ばかりで地元の土地は積極的には扱わず、窓には賃貸の間取り図が貼り出されていました。前社長もそれなりの営業努力をしてはいたとは思いますが、年に何件もの土地売買が成立するわけではありません。なおかつ土地の売買を主に担当していた前社長が他界して不動産売買に関するノウハウの多くを失い、収益は当時専務だった現社長が担当する賃貸部門の利益しか見込めないという状態でした。大きな金額の売買は、長年の勘や経験、人間関係がモノをいいます。生き残るにはまず不動産売買の部門を再建しなければならないことは明白でした。

会社のある大井町は、品川と川崎の間にあり、京浜東北線一本で東京につながる便利な場所です。ところが、どうも地味な土地柄で、エアポケットに落ちたように昔からなぜかあまり人気のある町ではありませんでした。海岸側には競馬場や競艇場、工場や倉庫のエリアなどがあり、必ずしも環境が良いとはいえない雰囲気があったかもしれませんが、反対の山側は落ち着いた閑静な住宅街が広がり、代々大井町に住まいを構えるお宅もたくさんあります。

ただ、そのような落ち着いた雰囲気が逆に人口の流動を滞らせてきたともいえます。住民はほぼ固定化し、新しく入ってくる人たちはあまり多くないため、大井町住民の年齢層は次第に高くなっていました。

しかし昨今、もともと人気だった二子玉川が再開発され、また東急大井町線と交差する東急目黒線沿線の武蔵小杉に高層マンションが立ち並び、人口の流入が激しく土地の価格が急騰、ターミナルとなる東急大井町線の存在が脚光を浴びるようになりました。

さらに埼京線が大崎まで延びてりんかい線と連絡し、東京テレポートやお台場方面へのアクセスがよくなりました。海側に向かって坂を下れば羽田空港に直接乗り入れる京浜急行の駅があるため、国内外へのアクセスも以前よりはるかに便利になりました。そのためか、大井町駅前の大井開発が運営する１４６０室を擁する「アワーズイン阪急」はほぼ常に満室状態と聞きます。更に、駅に隣接していたＪＲの社宅がすでに取り壊されていますが、JR東日本の大井工場を含めた約8万7000坪の土地が大井町駅前再開発計画として、品川区の中心となるようなスケールで検討されています。これらが再開発されて観光客向けの総合施設が建設されれば、ターミナル駅としての大井町一帯の土地のバリューがより上がることは予測できます。加えて東京オリンピックを控えているため、町の活性化にはかなりの期待が持てます。

こうした背景があるうえ、東急東横線、東急田園都市線沿線などの都市開発で成功を収めている東急がまださほど手を付けていない最後のエリア、それが東急大井町線沿線です。都心に近いのにやや出遅れていた大井町という場所を、東急電鉄が出て来る前に、いかにすみやかに開拓していくか。これが、私たちの着眼点でした。

また小出不動産としても、この大井町にあまり目を向けて来なかったという事情もあります。

賃貸の経営は地元で行っていましたが、土地の売買については業者らから情報をもらい、目黒、大森、蒲田など、大井町以外のエリアの不動産売買を扱い、転売することによって利ざやを得てきました。拠点となる店だけがあり、大井町自体の土地には積極的に手を付けずに経営してきたのです。

そこで、新たに会社を立て直すならば、大井町一帯を優先的にビジネスの対象にしようと考えました。創業から67年を経て、初めて地元に手を付ける方向へ舵を切ったのです。振り返れば、これがチャレンジ精神を思い切り発揮し、リスタートにふさわしい門出になったと思います。

急行の停まる駅、停まらない駅、それぞれの価値は

東急大井町線は、品川区大井町から川崎市溝の口までを結ぶ小さな路線ですが、急行は溝の口方面から二子玉川、自由が丘という人気の駅に停車し、さらに大岡山、旗の台と続いて大井町で終点となります。

ほかの路線に比べると、東急大井町線はかなり地味な路線のように思われていますが、なかなかどうして、注目の駅があるのです。旗の台から東急池上線に乗り換えれば、よく

テレビや雑誌でも取り上げられる日本有数の商店街・戸越銀座があります。また大岡山で東急目黒線に乗り換えると田園調布、武蔵小杉といった新旧高級住宅街へとつながります。京浜東北線に乗れば、東京や有楽町、新橋、品川、かたや川崎、横浜といった繁華街へとアクセスでき、利便性の面でも東京南部の駅としてはかなり優秀なバリューを持った駅なのです。こうした急行の停車駅周辺は、不動産仲介の見地では流動性が高く、注目すべき一帯です。

ただ、必ずしも都市の再開発が良いことばかりではないというケースがあります。その例として、最近急激に人気が高まった武蔵小杉を取り上げてみましょう。

武蔵小杉一帯は、かつて工場が集まっていたエリアでしたが、それらが閉鎖され、跡地を再開発するために行政が規制緩和を行い、高層マンションが建設されるようになって現在に至るという経緯があります。高層マンションは人気が高く、膨大な数の家庭を抱え込みますから、新規住民があっという間に増加し、武蔵小杉のある川崎市中原区は同市内でもっとも人口の多い区となっています。

ただ、高層マンション群がそそり立ち、人口が増えると、想定外の新たな問題が出てきます。たとえば、古い昔ながらの住民と新規住民との交流が、必ずしもうまくいっているとはいえない状況にあると聞きます。また人口が増えすぎて、朝のラッシュ時に武蔵小杉駅にはキャパシティーを超える乗客が集まり、駅の改札を通過するために外まで行列ができるようになったり、強いビル風に悩まされたりしている点、さらには学校や幼稚園、保育園の不足などが問題視されています。

マンション建設はそれぞれの建設会社の案件ですが、そのビルが属する地域を俯瞰した都市開発がなされていたかどうかとなると、若干怪しいところです。武蔵小杉は、立地的に便利な地域が、便利すぎるゆえにむしろ不便になったという典型例だといえるでしょう。

この武蔵小杉は特殊な例ではありますが、特急停車駅は利便性の点から人気が高く、それに伴って地価や家賃が高騰している人気エリアだということは間違いありません。

それでは、急行の停車しない駅はどうでしょうか。やはり人気でいうと急行停車駅より劣るのは確かです。しかし、東急大井町線自体がそれほど長距離の路線ではないですから、1駅、2駅乗れば、人気の急行停車駅に行くことができます。そのわりに、不動産価格はまだ若干低く抑えられています。

こうした各停しか停車しない駅周辺に地価が安く人気面でも出遅れて空洞化したエリアがあれば、その土地のバリューは十分に高くなります。不動産業者としてはなかなか攻め甲斐のある土地です。

規制緩和を受けた武蔵小杉は特例で、東急大井町線沿線は依然、低層重視エリアと条例で定められており、環状八号線に沿って低層の住宅地が並んでいます。将来的にはわかりませんが、少なくとも現時点では高層マンションが立ち並ぶ予定はなく、昔ながらの閑静な住宅街として生き延びているのです。そのため一旦注目されれば、あっという間に地価が値上がりしてもおかしくない地域です。

東急線沿線では、大手建設業・不動産業の目線は高層住宅に向いているため、まだ低層住宅エリアはそれほど手をつけられていません。沿線開発の得意な東急電鉄も、東急大井町線には本腰を入れていない状況です。時間の問題かもしれませんが、都市開発に出遅れた地元を持つ町の不動産屋は、一足早く低層向けの住宅やアパートの売買や賃貸に特化すれば、有利に攻めていくことができます。このようなニッチな部分を攻めて先回りができることも、町の不動産を扱う業者としての醍醐味です。その点でいえば、東急大井町線沿線にある私の会社が、たまたまいい場所を地元として持っていたという幸運があったことは確かです。

不動産仲介業として流動性を重視するなら、急行停車駅のほうがメリットはありますが、賃貸の場合、人の入れ替わりが多くなるので常に空室を埋める努力をしなければなりません。どちらかというと、大手は流動性を取る傾向にあります。

一方、急行の停まらない駅の場合、流動性は低いかもしれませんが、格安でも安定した利回り重視で長く借りてくれる人がいて満室にすることができれば、オーナーとしては空室の心配で胃を痛めることはありません。

最終的に、オーナーの目的意識がどこにあるのかという点が重視されます。相続をするうえで換金性の良い土地にアパートを持ちたいというのであれば急行停車駅を狙うべきでしょうし、コストを落としてもずっと安定した利回りで回収率を高め、年金代わりの収入を得られるようであれば、急行が停車しない地域が向いています。私たちも売買をするうえでさまざまなアドバイスをしますが、オーナーがどうしたいのかという考え方次第で方向性が決定します。

斬新なコンセプト住宅の提案

上モノを建てるのは、急行が停車するしないに関係なく、コストは一緒です。ならば、土地が安いほうが全体としての利回りが良くなるのは当然です。

不便な土地でも、必ず入居してくれるようなアパートを建てることができれば、空室の不安を考える必要はありません。

たとえば、これは東急大井町線沿線ではありませんが、私たちが特別に扱った条件の悪い都内の土地があります。

ここは、住宅街の中で周りをほかの住宅に囲まれ、車が入ることができない幅の私道の奥にポカリと広がる場所でした。通常、家を作るなら車庫や駐車場がほしいという人も多いでしょう。ただ、皆が皆車を必要としているわけではありません。車は必要ないけれども、どうしても住みたくなるようなアイデアを付加価値としてそのアパートに与えればいいのです。

どのように扱うかを考えるため、その土地に行って、しばらく周辺の町を歩いてみました。するとあることに気づきました。スポーツタイプの自転車に乗っている人たちが多く、高級な自転車を扱う自転車ショップがいろいろとあるのです。自転車は値段が高ければ高いほど性能が良いと言われています。また考えてみれば、最近、通勤に自転車を使っている人が増えているという話も聞いたことがあります。自転車をテーマにした番組やサイクルロードレースの競技が人気であることも耳に入っていました。近くに駒沢公園もあるのでサイクリングスポットとしてこの辺りは条件が整っているのではないか。

そこで思いついたのが、自転車愛好家だけに限定したアパートの建設です。正直なところ、車も入り込めない奥まった土地は、たとえ高級住宅街だとしても二束三文程度の価値しかありません。そこに普通の長屋のようなアパートを建てても、入居希望者は期待できないでしょう。

ただし、自転車愛好家に特化したアパートなら、車の入れない道でも問題ありません。アパートの玄関の土間部分を3畳ほどたっぷり取り、自転車のメンテナンスをしたり、飾ったりして自転車を室内に置ける間取りとしました。また玄関は両開きになり、開放的で自転車を出し入れし易いやすいように設計しました。案の定、新築されたアパートは自転車愛好家の間で話題となり、家賃を通常価格よりも1・2倍に設定したのにもかかわらず、募集をすると即満室となり、空室待ちができてしまいました。

普通ならちょっと大きめの通りに面して駐車場のあるアパートが好まれるのですが、ここは車が入れないという立地を逆手に取り、見事に成功しました。こうしたコンセプト住宅の提案は、ひとつの武器となります。自転車を持っている人はたくさんいますが、自転車と共生できる家という発想が、ありそうでなかったようなのです。不要になった古い家を持て余しているのなら、何らかの付加価値を付けてリノベーションすることによって、「1＋1＝3」の家を提供すれば、途端に満室にすることができます。どんなニッチなことでも、それをこよなく愛する人たちはいますから、そこにターゲットを絞ればいいのです。

この自転車と共生するアパートの成功をきっかけに、次に考えたのは「自動車と暮らす家」のアイデアです。ガレージハウス形式の家で、家の中から車が見られるだけでなく、ガレージの下に潜り込めるピットスペースを作ることで、好きなときに自由に車をメンテナンスできるようにしました。自動車マニア向けの家です。おかげさまでこの家も人気となりました。

もうひとつ例を挙げるなら、ペットと共生できる家のアイデアです。ペット共生住宅はいろいろとありますが、猫は爪を研いだりすることがあるので、大家さんは資産価値が低下することを嫌って猫を敬遠します。犬ならOKを取りやすいのですが、犬と一緒に住める家はもうすでにいっぱいあります。そこでひとひねりし、アパートの敷地の一部に住民だけが利用できるミニドッグランを作りました。ペット共生のアパートは小型犬をイメージしていますが、中型や大型の犬でも飼うことができ、遊び場もあるそんな集合住宅を提案しました。また、近隣のペットショップや動物病院にも声をかけ、必要の際に対応できるよう協力体制を整えました。こちらのアパートは完成と同時に内覧の問い合わせが殺到しており、満室経営も間違いありません。面積は小さいものの、アパート規模の敷地にドッグランを備えたアパートはめったにないので、これからおそらく話題になると思われます。

現時点で誰もまだやっていないコンセプトを住居に与えることによって、ひと味違った家ができ、ほかの同業者との差別化を図り、認めてもらうことができます。さらに、入居者にとっても、同じ趣味を持った人たちの集合体となるので、近隣同士で共通の話題ができ、昨今失われがちな近所付き合いやコミュニティーづくりも可能です。特に若い人たちや一人暮らしの人たちが過ごしやすいような環境をつくれば、自分は一人じゃないという仲間意識もできるはずです。

まだ実践していませんが、一人暮らしに特化し、たとえば玄関先に何らかのボックスを用意し、そこに洗濯物を入れておけば地元のクリーニング店が回収して、不在でも受け取ることができる仕組みや、米屋や八百屋、スーパーなどと提携して食品を注文すれば配達して決めた場所に置いておいてくれるような仕組みをつくれば、地元商店街も潤うし、一人暮らしの住民にとってもメリットがあるでしょう。

こうしたワンアイデアの付加価値を取り入れた住居は、地方から上京した人と地元の人とを結びつけてお互いがお互いを活性化させることができ、地域のコミュニティーにすんなりと入り込むことができると考えています。

ただ単に「家を作りました。入ってください」というのではもう売れない時代です。何かしらの付加価値やアイデアが求められており、それがハマれば入居者は殺到します。こうした「ワンテーマアパート」を考えて成功すれば、また別のところでも同様な家を提案することができます。もちろん、その場所の立地や町の特徴などのリサーチは必要ですが、成功体験がいくつかあれば、同様の発想で次に生かしていけばいいわけです。

現代の不動産仲介業に求められているのは、受け身ではなくこちらから積極的にアイデアを提案していくことなのです。

ホームタウンと積極的に関わる

小出不動産は大井町駅から徒歩約10分、池上通り沿いの交差点の角近くに会社があり、その交差点を境に、4ブロックが大井3、4、5、6丁目と分かれています。この立地を生かして積極的に町に関わっていくにはどうすればいいか、という点を突き詰めていった結果、新規社員を雇ってそれぞれ4つの丁目を専属で担当させることに至りました。また私が以前働いていた会社で信頼のおける部下を1人ヘッドハンティングし、大井7丁目を担当させるとともに3～6丁目のフォローに回るチームリーダーとしました。会社を再建するために新規社員を雇うなど無謀と思われがちですが、そこにはひとつの計画がありました。

私たちが目指したのは、自分の担当する町を徹底的に知り尽くすこと。そしてそこに住む人々とコミュニケーションを積極的に取り、太いパイプをつくることです。これまで積極的な営業活動をしたことのない町の不動産屋を単なる「待ち」の状態にしておくのではなく、こちらから出向いていく「攻め」の不動産屋へと変革させることを最優先しました。地の利を生かすということは、つまり地元を知り、地元の人々を知ることです。これは突然参入してくる大手不動産業者には簡単にできないことで、この一点しか我々に勝ち目はないと判断したのです。

営業活動の具体的な解説は後の章で説明しますが、採用した営業マンには、緑色を基調としたポロシャツを着てもらい、積極的に担当地域を動き回らせました。町の人々と交流することによって地域に暮らす皆さんの話を聞き、できるだけその要望に応えることに主眼を置いたのです。あとは営業マン個人の、どこまでチャレンジできるかという勇気だけです。それは、その本人のモチベーションや価値観次第です。積極的に町に関わることによって、自分自身を見出すこと、達成感を感じられること。これらが、私たちの会社で望まれる人材です。そこで営業経験があり、かつ強いハングリー精神を持った人材を発掘し、大井町と関わってもらいました。

いままで見逃してきた「ホームタウン」である大井町。ここは潜在的なニーズが手付かずで埋もれたままの宝の山です。私たちの使命は、この町に馴染み、寄り添い、溶け込んで、その宝を掘り起こすことと決め、新たに大井町へ向き直ったのです。

〝新聞配達員〟並みに地元を知る

大手が人数とお金をかけてオーナーの囲い込みに挑んでくる以上、私たちは大手と差別化を図ることが絶対条件であり、生き残るための唯一の道です。突然やってきた大手にはできない部分を私たちが担うことによって、信頼と実績を少しずつ積み上げていく。それが地元を持つ私たちができることです。

私たちは一軒一軒お宅を訪ねて、お話をさせていただく方法を選択しました。ただ突然の訪問で簡単にドアを開けてもらえるとは思っていません。訪問してドアを開けていただけないときには、ポストにチラシやボールペンなどのノベルティグッズを一緒に投函します。そして再びお宅を訪問し、ご挨拶させていただきます。

営業担当者は、地域の細い路地の隅々までくまなく知り尽くし、この家にはどんな人が住んでいるのかを徹底的に調べます。また、顔見知りになって話ができるようになった方々からは、その周辺の情報をさりげなく聞き出し、新たにデータとして蓄積していきました。こうして情報を常に収集しながら、あせらず、少しずつ会社のことを知ってもらえればいいのです。閉ざされていたドアを開いてもらうきっかけをつかむことが、私たちのビジネスには一番大切なことです。

緑色のポロシャツを着た社員たちは、自分の受け持つ地域を自転車で毎日ひたすら巡ります。そうすると、ただ巡り歩くだけでもいろいろと気づくことはあります。

このお宅の壁がひび割れているな、網戸が破れかけているな、などと、外から見るだけでもその家の問題点はわかります。私たちは事業の一環としてリフォームも行っていますから、壁の割れ目や網戸の破れなどの対処はすぐに行えます。見た目に修繕が必要そうな場合には、不動産売買ではなく、リフォーム業者として声をかけさせていただくこともあります。とにかく何かをきっかけに、そのお宅とコミュニケーションを取る。それが最大の目的です。

やがて、この家は休日しか夫婦がいないとか、お年寄りが一人で暮らしているとか、いろいろな情報が自然と入ってきます。私たちが目的とするのは本来の業務である不動産仲介業ですが、それをあからさまに前面に出しても、なかなか住民の皆さんの理解は得られません。そこで、私たちは住民のお悩み解決の役割を担うことによって、アプローチを図るのです。

今持っている土地を売って、自由が丘などもっと資産価値や換金性の高い土地を購入したいという方もいれば、この地に安住したいと考えている方もいます。そういう方々が交錯するのが、不動産仲介業です。いろいろなご要望をうかがい、それに適したアドバイスをすることによって喜んでもらえれば、面識と信頼を勝ち取ることができます。次にその方が誰かを紹介してくれるかもしれません。こうしたつながりを少しずつ広げていけば、点だったものがいつしか線としてつながっていきます。

私たちは、この東急大井町線という「未開拓」の沿線を開拓し、いつしかそれぞれのテリトリーをつなげてひとつの線にして沿線に土地を開発していくことを夢見ており、今はその可能性があると考えています。

今、都心では駅周辺の再開発がブームとなり、どんどん新しくなっていきます。しかし一旦駅を出ると、どの場所も駅ビルと、それを取り囲む高層ビルの中に広々とした駅前広場ができています。一見きれいになったように思えますが、それぞれの駅が今まで持っていた景色や味、個性をすべて殺し、似たような幾何学的な街ばかりが量産されています。

駅にはそれぞれの個性があっていいのであり、それを殺して同じ形の「のり弁」ばかりを並べる弁当屋になっても仕方ありません。ハンバーグ弁当もあれば、カツ重弁当、幕の内弁当もあるといった、それぞれの個性を生かして発展させたほうが、バラエティー豊かでおもしろい街並みとなります。これらを駅単位でつなげれば、もっとユニークな街ができあがると思うのです。不動産仲介業を超えて、土地開発を目指す気持ちを持って臨むことが、本当の意味で地域に密着した不動産業の役割だと考えています。その手始めがこの大井町です。

いろいろな路線が交わるターミナル駅として流動人口は増えつつありますが、まだ居住者数は、ほかの人気駅周辺に比べて多くはありません。だから商業ベースに乗らず、開発途上にあるのです。

しかし東京オリンピックに向けて品川区の地価はどんどん上がっています。世界の窓口となる羽田空港も抱えているうえ、さらに後にはリニア（中央新幹線）の品川駅が開通する予定があるので、街づくりは今後一気に加熱してくると思われます。その流れに牽引されて、おそらく大井町も発展していくでしょう。まったくコンテンツのない路線ではないのですから、東急電鉄をはじめとする大手が参入してくる前に、地元の人々とのコミュニケーションを確立して強固な地盤を築いておくことが、地域密着型の不動産仲介業に求められてくるのです。同業者の方々がお読みいただいていたら、あなたの根ざす町を改めて見直してください。そしてただひたすら「待つ」のではなく腰を上げて「攻める」姿勢で町に向き合えば、新しい展開が見えてくるはずです。

［第3章］

セールス担当者を〝地域の何でも屋〟にして信頼を勝ち取る営業戦略

フルコミッション制で「やる気」に火をつける

第1章でも説明しましたが、私が入社した3年前は、ごく平凡な町の不動産屋でした。社員は4人、それも社長以外はパートやアルバイト、契約社員だけでした。言ってしまえば、その程度で賄える業務で生き延びてきたわけです。積極的に攻めていこうとせず「待ち」の姿勢だけの不動産屋。たまに土地売買の話があれば乗ってみる、という具合です。

いくつか売れていない土地があったために、当初は借金がありました。町の不動産屋クラスだと、年に1、2棟のアパートを売買すれば、それまでの借財を返済できるという自転車操業で会社が回っていたのですが、不動産売買担当の前社長が亡くなったため、不動産売買はストップしたままです。現社長の担当する賃貸部門の収益だけではとても埋め合わせできない金額の借金が残っていたのです。賃貸の利益のほとんどは返済で食いつぶしていきます。このままだと遅かれ早かれ破綻することは、再建コンサルタントの私でなくてもわかります。

当初から私は持ち場を決めて積極的に地元に働きかける「攻め」の営業を構想していま

したから、その担当者を雇う必要があります。しかし、給料を毎月支払うほどの余裕はありません。

そこで、社員を全員フルコミッション、つまり完全歩合制として雇うことにしました。というよりも、それ以外に社員を抱えるための選択肢がなかったと述べたほうがいいでしょう。厳密な意味では「雇う」という表現さえも適していないことは、後ほどご理解いただけるかと思います。

リーダーとして一人は、私がかつて勤めていた会社で15年連れ添った部下を誘ったものの、それ以外をどう集めるかが問題です。しかし私にはひとつのアイデアがありました。

完全歩合制の営業マンを集めるわけですから、営業経験は必須です。そこで関西の知り合いのパイプを使って、優秀な営業マンを掘り起こしていったのです。不動産売買の経験は問いませんでした。その結果、不動産業は未経験ながら20代後半から30代半ばまでの5人の社員を一気に採用しました。

この採用には、ちょっとした戦略が隠れています。

まず不動産売買経験を問わないということは、それだけ人材確保の間口が広がります。不動産に関する知識はあとから覚えてもらえばいいわけです。それよりも、訪問販売でも何でも積極的に歩き回ることができる能力のほうを重視しました。

次にフルコミッションを受け入れてくれる人材です。フルコミッションというと、安定した収入が得られない可能性があり、ノルマを押し付けられるかもしれないなどと考えがちです。ただ、働いても働かなくても同じ金額の収入が得られることを、好意的に思わない人たちもいます。一生懸命働いたのだから、その分の賃金はきちんとほしいという考え方を持ち、熱意にあふれている人材とはどういうタイプか。それは、経営者志向の強い人材です。必死に働いて、いつか自分で会社を持ち、実業家に転身したいという野望を胸に秘める人々は、与えられた以上の仕事をやり遂げてくれることを経験上わかっています。

雇用する側から見れば、フルコミッションは固定費がかからず都合よく使えるように受け止められがちですが、やればやるだけ自分の給料が上がり、社員にとって固定給よりははるかにプラスになるという考え方ができます。ここが大切なポイントなのです。私たちのサポートをうまく利用すると確実に営業の数字が上がるのであれば、フルコミッションのほうが、固定給よりよいという環境づくりをしなければいけません。それは、フルコミッションをお願いするうえで会社側に課せられるミッションです。相手から失望されて辞められることのないよう、社員の熱意に応えるだけの支援とアドバイスをしなければいけません。社員は取り替えのきくパーツではないのです。最近は社員だけでなく、非正規雇用者や外国人留学生などを悪条件で働かせている事例が、ニュースとして頻繁に取り上げられています。そんな働かせ方をしていては、働き手に逃げられるだけでなく、悪評ばかりが高まり、結果的に会社にとってのメリットはひとかけらもありません。

営業マンあっての会社ですから、ハングリー精神のある人材に対し、こちら側もしっかりと給料を支払う準備をし、フルコミッションのほうが良い収入が得られるという環境を整えました。また、うちで4、5年働いたら、一人前の不動産売買の専門家として十分な知識を得ることができ、望むなら独立させてあげるという約束を交わしたのです。

たとえば皆さんご存知のセンチュリー21という不動産仲介業の会社があります。あの会社はひとつの会社のように見えますが、実はフランチャイズ制を取っており、それぞれの営業所が別の会社であり、小さな不動産屋のグルーピングで成り立っている会社なのです。帳票類や不動産情報、サービスなどを共有し、同じユニフォームを着ているので一見するとわかりません。

ただフランチャイズ制は、私個人としてはあまり好みません。というのも、結局のれん代を取ることになり、儲かっていても赤字でも一定額を取ることになるからです。センチュリー21がそうだというわけではない点は誤解していただきたくないのですが、フランチャイズの特徴として、そういうスタイルがあることは事実です。とはいえ赤字の会社から取り立てを行っても倒産に追い込んでしまうことになるだけです。だったら、儲かっている会社からある程度上納してもらう、という形で協力し合っているほうが、お互いに仲良く続けていくことができます。これを私は「アライアンス・ネットワーク」と呼んでいます。困ったときには助け合い、協力し合う、そんな同盟関係でありたいと考えています。この同盟関係によってひとつのベクトルとなって進むことができれば、その先にある大きな目標を達成することができるはずです。

もうすぐ会社から独立第1号が出る予定ですが、彼には1年前からトップの経営会議に参加してもらっており、社員としてではなく経営者としてのノウハウと現実を見て学んでもらっています。また最初は支店として自分で業務を回して学び、やがてアライアンス・ネットワークとして正式に独立することになっています。この東急大井町線沿線のどこかで開業することになるはずですが、本人が望むなら自分の地元に帰って、小出不動産とはまったく関係なく不動産仲介業を始めてもそれはそれで構わないと思っています。ぽっと出の会社ではなく、東京でこれだけの実績をつくった会社だというアピールができれば、おそらく信頼度は高いはずです。このように、それぞれの持つ独立志向にはフレキシブルに応えるつもりです。

こうした事情もあってフルコミッション制を取っているため、名目上は「社員」となっていますが、実は最初からそれぞれが個人事業主として独立しており、うちから業務委託するという形で働いてもらっています。そのため雇用保険などはなく、各自で保険に入ってもらい、年金も国民年金としています。そういった意味では、すでに最初から独立しているといえます。

もうひとつは、あえて関西の人脈を通して募集をかけたという点です。

これは私の勝手な偏見なのですが、東京に自宅があり、家から通うタイプの人は一人暮らしの経験がないためどこか生き延びる力が弱いように感じます。その点、地方から上京すれば、家族から離れることになります。また関西に限定したのは、土地柄として東日本よりも西日本のほうがグイグイ突っ込んでいける気質を持っているように思ったからです。関西人は東京という街を口では嫌いつつ、胸のうちでどこか憧れがあるのではないかと分析しています。その思いを爆発させて、東京という新天地で心機一転スタートし、一旗揚げないかと呼びかけ、それに応えてくれた人材を集めました。だから、やる気が最初から違うのです。これが、フルコミッションを理解してくれる人材集めの秘訣だと考えています。

「絶対に一人前にしてやるから、その代わりにお前の人生を一時俺に預けてくれ」

ストレートに言えば、これが私からのメッセージです。それに対して頷いてくれた5人を採用し、4人＋新規5人の9人体制でリスタートすることになりました。

時間にとらわれず自由に働ける環境を

こうして集めた営業マンたちは全員独り身なので、自転車で2～3分のところにある一軒家を提供し、家賃も電気・ガス・水道などの代金も一切こちら負担で共同生活をしてもらっています。カップラーメンやレトルト食品なども提供し、仕事に集中してもらう分、基本的に寝食は保証してあげるという契約です。私自身もときどき食事に参加し、交流を図っています。自宅通勤の場合は、休日に友人と遊んだりするでしょうが、不動産の仕事の場合、お客様の都合で急に夜でも土日でも仕事が入ってくることがあります。そんなときに対応できるよう、単身上京して働いてもらえる若手を限定して採用しています。また共同生活をすることにより、仲間意識も生まれ、情報交換もスムーズに行うメリットがあります。

固定給の場合、給与体系の考え方として、朝9時から5時までといった勤務時間があり、それを超えたら残業代の支払いが発生します。また成果報酬や人事考課などもあり、時間的拘束プラス内容の評価といった、複雑な仕組みから給与や昇進が決まっていきます。

社員数が少ないとはいえ、そこまでの手間を考えるより、フルコミッションで何をどれだけ売ったか、どんなサービスを提供したか、といったシンプルな考え方を取り入れているため、基本的に始業時間があるとはいえ、出勤時間は自由です。たとえば前日遅くまで仕事をしていたなら、翌日に1時間遅刻してきたからといってそれをとがめることはありません。何よりお客様に迷惑がかからず、きちんとミッションを果たしてくれていればそれでいいのです。実際にはあまり遅刻してくる社員はいませんが、それよりも時間を自由に使って、責任を持って業務に取り組みやり遂げることを最大限に重視しています。

営業方法はシンプルに一軒一軒を訪ね、インターホンを押してご挨拶し、ドアを開けてくれなければチラシやノベルティグッズなどをポストに投函し、2~3日後に、チラシを見ていただけたかどうか、また同じ家を訪問するという地道な作業の繰り返しです。そしてドアを開けてくれるようになったら、またチラシの話をもとに家主とトークし、顔とユニフォームを見て覚えてもらいます。最優先されるのは、コミュニケーションを取り、私たちを知ってもらうことであり、御用聞きのように頻繁に訪れるうちに、会話の内容が増え、そこからお客様の要望をくみ取ることができるようになります。

担当地域をすべて回るには、およそ3カ月かかります。不在だったり共稼ぎで在宅時間が限られていたりすることもあるので、どうしてもそれぐらいの日数が必要となります。こうして時間をかけてつぶさにお宅を訪問し、担当地域を隅から隅まで歩き回ることで、それぞれのご家庭の事情を事細かに観察し、悩みや要望をうかがっていきます。そしてどのようにすればその願いを叶えられるかを持ち帰って皆で考え、次の事業展開を策定していくのです。また歩き回ることでその土地を知り、空き家や空き地を見つけると、まるで探偵のように、その場所がどうして空いているのか、また持ち主はどこへ転居したのかなどの情報を近隣に尋ねて回ります。特に空き地の場合、所有者の現住所と登記簿上の住所が異なっていることもよくあるため、わずかな情報を集め回って、土地の持ち主を特定し、連絡をつけて土地の処遇や要望を聞くことになります。

そう簡単には前に進まないため、なかなかストレスが溜まる業務だとは思いますが、こうした作業をサボらずにとことん突き詰めていくことによって、自分の収入が伸びていくのです。どれぐらい積極的に、かつ多くの仕事を効率よくこなしていくか。これがフルコミッションに反映されます。だから、採用した人材には、何となく仕事をすれば明日のご飯を食べていけるからそれでいい、という人間は最初からいないのです。

イメージカラーを定め、会社のユニフォームを作る

社員がそれぞれの担当地域を毎日回るのですから、この際、ユニフォームを作れば少しでも会社の宣伝に効果があるのではないかと考えました。どうせなら目立ったほうがいいと思い、全員そろって緑色のポロシャツをユニフォームとしました。目立てば何色でもよかったのですが、前社長の作った会社のマークが緑色を基調としていたためにその色を採用することにしました。

また社員には緑のマークをあしらえた自転車を1人1台ずつ与え、担当エリアを常に回って歩くように指示しました。この緑色とポロシャツが、いわば「コーポレートアイデ

ンティティ」になればいいのです。

ポロシャツとしたのにも意味があります。たとえばカチッとしたスーツとネクタイで不動産の話をもちかけると、かえって相手に怪しまれがちです。過去にはバブル期の地上げなどで怪しい人々が暗躍し、不動産話にダーティーなイメージがつきまとっているのも事実です。優れた詐欺師ほどきちんとした身なりでいるのが手の内のひとつではありますが、それを皆さんはご存知のようで、いかにも良心的で清潔感あふれる風貌でうかがうと、かえって「騙されるかもしれない」と警戒され、ドアどころか心を開いてくれないことがあります。

その点、ラフなポロシャツと自転車で、いつもこの辺りを「小出不動産」の名前を掲げて行き来しているのですから、警戒される心配はほとんどありません。日頃から私たちがポロシャツ姿で地域の清掃活動などさまざまな形で貢献する姿を見ていただいたり、皆さんにご挨拶をし続けたりすることによって安心感を持ってもらい、少しでもお話しする機会を設けていただくよう心がけています。

最初のうちこそ「何だ、あの緑色の人たち」と囁かれていたとも聞きますが、そのうち「ああ、あの角の小出さんのところの社員か」と認識されるようになりました。

地元のお祭りやイベント、地域の清掃活動などで揃いの緑色のポロシャツを着ると、やはり何がしかのインパクトを与えるものです。古くから我が社を知っている方々をはじめとして、やがて「緑色＝小出不動産」という図式が定着しました。まずは注目されることが目的ですから、この時点で成功を収めたわけです。

ひとつ笑い話を挙げると、ちょうど私たちが緑色のポロシャツで活動を始めた頃、都知事選で小池百合子現知事が立候補した際に、イメージカラーを緑色として選挙活動をすることになりました。まったくの偶然で、私たちはもちろん何の関係もないのですが、飛び込み営業で、「あら、お宅たち、小池さん支持なの？　なら、うちはダメよ」などと誤解されることがたびたびありました。その件については、私たちが無関係であることを説明して理解してもらったのですが、ちょうど小池旋風が都内に吹き、「緑色＝小池」という印象が強く焼き付いていたのは間違いありません。イメージカラーを持つことは大きな意味を持つことが改めて確認できました。

また制服は宣伝効果を上げるうえでとても重要なアイテムです。警官や消防士の制服を着ていれば職業はわかります。白衣を着ていれば医療関係、ある特定の学生服を着ていればどこの学生か、すぐに人と属性が結びつきます。そこを狙って始めた「緑色のポロシャツは小出不動産」という認識は、比較的早いうちに地元に定着してくれました。

ユニフォームを作ることは別に目新しいことではありません。高校や大学のサークルでも揃いのTシャツやトレーナーを作ることはよくあります。ただ、不動産屋が揃いのユニフォームを作ったということが、斬新だったのです。珍しくはないことでも、「お宅がそれをやるの」というごく小さな驚きが、地元住民の方々の脳裏に焼き付いたのだと理解しています。「小池旋風」の一件が示すように、イメージカラーは、徹底すれば思った以上に効果が発揮されるものだと再認識しました。ただ揃いのポロシャツを着ただけだったのですが、想像以上に宣伝効果は大きなものとなったのです。

不動産以外の営業ツールを持つことが勝ち残りのカギ

営業マンは、担当地域の個人宅名まで入った地図を持っており、その日に回ったところでわかったこと、たとえば日中は不在だとか、アパートが他社物件であるとか、新築の家か古い家か、といったいろいろな情報を決められたマークや色で分類していきます。これにより、どこをどう攻めていけばいいか、さらに私やチームリーダーなど、ほかの社員が見てもどういう家でどういう状況かがすぐに判断できるように仕分けしています。もちろん、それほど広くない地域ですから、すでに私たちの頭には、あの辺りはこうなっている、というイメージがすぐに浮かんでくるぐらいの情報は入っていますし、さらに確認する場合には、「Google Earth」を使って家や周辺のチェックをすることもできます。こうして一軒一軒お宅を訪問し、ドアを開けてもらう努力を積み重ねてきました。

不動産売買を長年手がけていると、おもしろいもので、大きく3つの営業タイプに分類できるようになります。

まず、比較的新しい家。このタイプは最近建てた物件ですから、いきなり土地の売買をすることはほぼありません。それよりも興味があるのは防犯やセキュリティ関連です。昨今の犯罪調査には防犯カメラの映像による検挙がかなりの割合を占めますから、このタイプの家にはまずセキュリティ関連の話題でアプローチしていくと、玄関のドアを開けてくれやすいのです。

古い家の場合は、見るからに網戸や建具、玄関周りなどに不具合が出ていることが多いので、そのような箇所を見つけたら、リフォームを勧めるためにインターホンを押します。全面的にリフォームするまでではないものの、ほんのちょっとだけなら直したいという方は意外と多いので、その点に絞って声をかけるとドアを開けてくれる成功率が高まります。

最後のひとつが、建物の新しさ古さに関係なく、庭の草はぼうぼうと生え、植木も枝が伸びっぱなし、自転車のカバーもずっとかけっぱなしで乗った形跡が感じられない家です。人が住んでいない家は、不思議といつの間にか窓が割れ、家自体が死んでいる状態になるものです。人が住んでいたとしても、元気な家ならば自転車を動かした形跡が見られたり、車も比較的新しいものだったり、庭の手入れもある程度なされていたりします。ところが、活力を失った人の住む家は、これらの点を見ただけで「瀕死」の状態にあることがすぐに察知できます。たとえば、お年寄り夫婦の一方が亡くなって一人暮らしとなっていたり、家主に介護が必要となって施設に入ってしまい、家族がたまに荷物を取りに来たり、掃除や空気の入れ替えを行ったりするようなケースなど事情は多種多様です。このような場合、家主に相続や土地の売買の話を持ちかけると、興味を持ってくれることが多いのです。

こうした、「家を評価する目」を養うことにより、適切なアプローチ方法を使って、家主の懐に飛び込んでいきます。少しでもコミュニケーションができれば、その家主とまた町の一角で会ったときにご挨拶ができますし、そのうち顔なじみになれば立ち話に乗ってくれる人も出てきます。ぐいぐいと不動産の話でにじり寄ったら怖がられて、相手にされませんが、毎日笑顔でご挨拶をすれば、私たちを見かけたときに「ああ、小出さんね」とわかってもらえるうえ、何か相談事があれば声をかけてもらいやすくなります。大手にはできず町の不動産屋でこそできることは、このようにフットワークも軽やかに、地元に「超密着」していくことです。これが私たちの持つアドバンテージなのです。

さて、このようにアプローチをしていくからには、それに応える事業ができなければ話になりません。

そこで私たちは不動産関連以外に、営業ツールとして防犯カメラの設置とリフォーム事業の展開を始めました。

防犯カメラは、ひと昔前まではお金持ちしか設置できない高額のものが多かったのですが、近年はセキュリティのニーズが高まったこともあり、価格が安くしかも高画質高性能の防犯カメラが手に入りやすくなりました。インターネットやWi−Fiシステムと連携し、自宅内だけでなく外出先からスマートフォンなどで遠隔操作できる機種も続々登場しています。そこで、最先端機種で手頃な価格の防犯カメラセットを用意し、セキュリティ意識の高いお宅には防犯方面からのアプローチによって、営業をかけており、実際にご好評をいただいています。

一方、リフォーム事業は住宅・不動産業の派生ビジネスとして重要な事業です。塗装や雨漏り修理、庭造りなど外回りから、建具やフローリング、畳の交換、水回りの修理など、何でも請け負う体制を作っています。

ここにまた、大手と差別化する大切なポイントがあります。

通常、大手がリフォームを手掛けることになったときには、自社の子会社や提携企業に請け負わせます。リフォーム会社も組織が大きいので、仕事はこなしてくれますが、その後のアフターケアが完全とは言い難いのです。つまり、また何か発生した際に、改めて一から依頼することになったり、すぐに対応してもらえず時間がかかったり、必ずしも依頼主の思いどおりにはならないことが多くなりがちです。

その点、私たちは大井町周辺の昔ながらの職人さんたちと個別に連携し、希望するリフォームに関する業者に連絡してすぐに見積もりを出してもらい、即座に対応できるようにしています。これは、ほかの中小不動産業者でもやっている手法です。

こうした大手のブローカーになることを拒んだ理由とメリットはたくさんあります。まず、地元の職人や業者なのですぐに相談でき、即日対応することも可能です。また不具合があれば、連絡するや即対応できるというメリットがあります。大手に押されて優れた職人が減少している現在、お互いに仕事のやり取りをすることによってネットワークが構成され、私たちも職人側から不動産の物件情報を得ることができるのです。地元にお金が落ちれば、些細な金額でもそれだけ地元が潤います。

このように大工、クロス職人、水道業者、電気工事など、品川区内の町の小さな業者や個人事業主をネットワークとして持ち、お互いに連携することで、顧客に対しても対応の速さによる満足感を感じてもらうことができ、定期的に仕事が入ってくる業者の側にもメリットがある、ウィン・ウィンの関係が成立するのです。

また、これは職人さんたちの慣習らしいのですが、以前紹介したお客さんが直接その職人さんに別の仕事を依頼したときは、職人さんはかつて紹介してくれた会社の取り分10%を上乗せして見積もりを出すのです。そこで仕事が成立すれば、何も関わっていない仕事なのに、自動的にうちに多少のお金が入ってきます。こうした昔ながらの暗黙のルールが今なお息づいているのは興味深いことです。

不動産開発業は、ある土地を譲渡してもらい、それに付加価値をつけて販売することが基本的な業務内容です。使われていない土地があれば、その所有者を探し出して購入し、広い土地なら分割して複数の買い手に販売するなど、土地の売買の仕方も多様です。しかしそれ以外に、地元の職人ネットワークをつくって土地だけでなく古い建物をリフォームしてセットで販売する方法や、土地のオーナーにアパートの建設をアドバイスし、建設、賃貸、管理をすべて請け負うという方法など、付加価値の付け方はケースバイケースです。私のように長年その世界に携わってきた者には、土地を見ればどれぐらいの費用でどのように販売すべきか見当がつきますし、売り方のアイデアもいくつか出てきますが、まだうちの若手社員でそのレベルにまで達している者はいないので、夕方の報告会でいろいろと話を聞いて、地図やもっと広範囲の航空図などで土地をチェックし、後日担当者に同行して、土地や家屋の査定をし、この古さだったらこうすればいい、この広さや立地だったらこれぐらいの価格になる、といったことを担当者に直接指南しています。

その後、いくつかのアイデアと見積もりの数字を持たせて、土地の持ち主のところへ向かわせています。

私だったらこのアイデアが一番というのはあるのですが、実際にどうしたいかを決めるのはお客様です。こちらで無理強いをするのではなく、お客様がどういう選択をするか、反応を見ながら順に提案していき、どこで意見が合致するか、またどこか要望にズレがある場合にはどうすれば応えることができるのかを聞き出してくることが大切です。

手の内をたくさん持って、要望に最大限に応えることができるような提案の仕方を社員に体験させており、その甲斐あって、ある程度見るとこれぐらいという適切な評価ができるように育ってきています。

数字を追わせずサービス内容で評価する

先日、見知らぬご婦人が私たちの店に飛び込んできました。

どうしたのかと思って話をうかがうと、何でも自分の家が経営する駐車場の隣が、突然工事を始めたというのです。かつて、同様の件があり、その際の工事で部品か道具かが飛んできて駐車場の車を傷めてしまったのに、業者側は「知らぬ存ぜぬ」の姿勢で責任問題になった挙句、最終的にはうやむやにされて終わったそうです。

その駐車場は、私たちが直接管理するエリアではなく、隣接する「サブエリア」に指定している地域にありました。しかも、別にうちが管理しているわけでもなければ、そのご婦人と接点があるわけでもありません。

こうしたときにどこに相談すればいいのだろうとご婦人が近所の人に相談したところ、「隣町の小出さんに行ってみれば?」と言われて、バスに乗ってわざわざ来られたとのことでした。

「こんな場合の仲裁サービスをするところを知らないか」と尋ねられたので、「そんなにお困りなら私がやりましょう」と言ってご婦人に案内してもらいました。

現場に着くと業者に事情を話して一旦作業をストップしてもらい、交渉を開始しました。最終的に覚書を作成し、作業前の写真を撮影して証拠として取っておくこととなりました。またその代わりに、塗装をしやすくしたり、資材を置いておくスペースをつくったりするためにご婦人側から敷地を一時貸してあげる交渉も行い、両者の仲裁をしたのです。覚書を1枚作成することなどさほど手間のかかることでもありませんし、当事者同士の話なので私や会社には何の責任もありません。ただ、ご婦人と顔見知りになりコミュニケーションの幅がまたひとつ広がりました。

ただ、こうした些細なところに無欲で協力すると、いつかリターンがあるものです。ご婦人の息子さんが近くに住んでいて、その隣のボロボロの家が建っている土地が売りに出ているみたいなので、今住んでいるところを手放してそちらを購入し、家を建てたいという話が舞い込んできました。その物件は、まさしく私たちが直接担当するエリアに存在していました。

現在、その土地の売買交渉を進めていますが、このようにひょんな出来事が思ってもみない仕事の話に結びつくことがあるのです。また、ご婦人がうちへ来たのも誰かに紹介されたという口コミの効果です。いろいろとしっかり顔をつないでおけば、何かの話題が出たときに私たちのことを思い出してもらえるのも、日頃からのご挨拶回りの効果だといえるでしょう。「損して得取る」ではありませんが、目先の利益を追うより、長期的な視野で地域を見ると見え方がまた異なります。

「この家は老夫婦2人きりだから、いずれは土地を手放すことになるのかな」とか、「お年寄りの一人暮らしだけど、何か起こっていないだろうな」などと、いつも地域とそこに暮らす人たちを気にかけ、サービス提供によってより良い町になるようお手伝いをさせてもらっているつもりです。

私たちは決してこの大井町からは移転しませんから、地元に大勢の知り合いをつくり、綿密なコミュニケーションを取って町と人とともにビジネスを展開していく方針を貫き続けます。町内で「小出さんがいろいろとやってくれる」という認識が広まれば、いつかはビジネスに結びつくでしょうし、会社があるかぎり大井町という地域をずっと見守っていくことができるでしょう。

不動産業者の中にはハイエナのごとく土地をむしり取ったり、商売にならないとわかればすぐに撤退してしまったりするような乱暴な業者もいますが、町に根付く不動産業者はそのようなことはできません。ずっとこの町とともにあるのですから、信用を落としたらひとたまりもないのです。私たちのビジネスはすべて信頼関係の上に成り立っています。これこそが地域に密着する不動産会社のあるべき姿だと考えます。社員にも売り上げだけが命であるかのように、働いてもらってはいません。末永くゆっくりと種をまき、いつか実ったらそれを刈り取り次の種をまいていく。毎日ご挨拶をし、御用聞きに徹し、この大井町に暮らす人たちのためになるサービスを続けていれば、いつか私たちの利益としてバックがあるだろうという、長期的な視点からビジネス展開を進めているのです。

前述の突然飛び込んできたご婦人は、まさに私たちの噂が口コミで広がってお客様の耳に届いたという、理想的な展開です。また私たちがやってきたことが間違いではないというお墨付きをいただいたようなものです。こうしたつながりのひとつひとつが、私たちの財産となっていきます。

ほかにも大井町には不動産屋がたくさんあります。しかし、その中からあえて私たちを選んでやってきてくれるようになったのは、「待ち」ではなく「攻め」の姿勢で、積極的に地域に飛び込んでいった結果です。

私たちのメイン事業は土地の売買です。年に数件決まればそれで食べていけるほどの大きな取引となります。ただ大手のいくつかの業者には、「この土地は高く売れます」と大きな声を張り上げて土地を取得するように見せ、その気にさせたところで少しずつ金額を下げていって最終的に安く買い叩くという、ひどい商売の仕方をする会社もあります。大手はそのような手で土地を取得したあとでその場を立ち去れば、もう売った側には反論の余地を与えないのです。それではただ悲劇を生み出すだけです。不動産売買の法律や条例などのグレイゾーンを突いてまかり通ってしまうのも、この業界の悪い一面です。

この町でずっとやっていこうと決心した不動産屋には、逃げ隠れのしようもないし、信頼を失うのでそのような売買はできません。

そこで、絶対的な信頼を得る売買方法として、オリジナルの売却保証プランを開発しました。これは、土地の市場価格に私たちが費用を負担した付加価値をつけ、115%の価格で売り出す「チャレンジプライス」、それでダメならば、これまでの売却事例や独自のリサーチによって算出した適正価格100%で販売する「ストライクプライス」で売り出します。ストライクプライスだけで成約確率は80%ですから、チャレンジプライスも合わせると、ここまででほぼ売却できてしまいます。ただ、どうしても売れなかった場合に私たちが市場価格の90%で購入する「売却保証プライス」も準備しています。最悪、どんなに売れなくても売れ残ることはなく、最低でも90％の価格で必ず売れるという保証サービスです。この売却保証プライスで買い取ったケースはほんの数例しかなく、お客様にとっては100％売却できるため、いつまでも売れなくて困るということがありません。また、買い取り例が少ないということは、私たちが提示した価格や付加価値は購入者側にも魅力的だったということです。こうした経験に基づいたサービスを展開することにより、絶対的な安心を提供できます。

これから将来、日本がどのような方向に向かうのかはわかりませんが、東京という都市の一角を担う業者として、土地に何らかの付加価値をつけ、既存のものではなく新しい都市を創造していくことが、私たちの方針のひとつです。ただある土地を売るだけの当たり前の不動産屋の発想は一旦脇に置いておき、建築会社的な斬新なアイデアを考え出し、建築やリフォームに活かしていくことで、会社の業務の幅がますます大きく広がります。前述のスポーツ自転車マニア専用住宅やガレージピット付き住宅、ドッグラン付き住宅などは、その新しいコンセプトを具体化したものの一端です。こうした方面から不動産に取り組んでいき、売買につながれば、相乗効果を生み出してますます不動産業は伸びる可能性があると思うのです。これは、長年コンサルティング会社に勤め、都市開発や企業再建に関わってきた経験が生きています。

待っているだけでは何も生まれません。これからの不動産業は創造していくことも必要なのです。

不動産業はコンサルティングの姿勢で臨む

ある程度うかがって顔なじみになると、住民の皆さんはいろいろな悩みを話してくださいます。高齢者の方々が多いため、相談でやはり多いのは相続の悩みです。相続税が高くなってきた今、不動産を持っていると、利用してもいないのに税金だけをただ支払わされることになります。また、ある日突然所有者が亡くなり、相続問題が急に降ってわいたという話もあります。

私たちは不動産についてはプロですから、的確なアドバイスをするノウハウを身につけています。相続の話があり、不動産を持っているならば、ここは町の不動産屋の出番です。

巷では大手の相続セミナーや相談会が頻繁に催されています。相続問題を抱えている場合は、こうしたセミナーで話を聞いてみようと思うはずです。しかし、簡単な話でもないので、一度聞いただけでは理解できないのではないでしょうか。セミナーに参加すると顧客リストができあがります。またその場でマンツーマンの相続面談をしていることもあります。こうして大手不動産業者と話しているうちに、名前も通っているから安心かもしれないという気持ちになり、一手にお任せとなるケースがよくあります。

ただ、それは必ずしも顧客にとって有利な話になるとは限りません。気がつけば不利益となる話をさり気なく提案されていることもあるのです。

こうしたことが度々あるため、私たちは自分たちで相続セミナーを開催しますし、個人的に相談にも乗っています。地元に密着した不動産屋として、私たちは長期的な視野からコンサルティングすることができるのです。オーナーが亡くなってから相続対策を考えていては遅いので、なるべく早いうちに相談してもらえれば、適切な対応をすることで地元と住民にメリットが生まれます。

相続問題を解決するためには、弁護士や行政書士、税理士などの士業がからんでくることが一般的ですが、各士業はその担当分野しか請け負えない仕組みになっています。結局、ひとつの不動産を巡ってあちこちの士業に出てきてもらい、煩雑でわかりにくい対応をされることになります。

近い将来、相続に特化した専門の士業ができるのではないかとも言われています。相続が起きたときには現状の士業が対応しても、起きる前のアドバイスは想像で、しかも担当分野でしか語ることができません。そこで重要となってくるのが、「相続診断士」という資格です。現状ではまだ民間資格ですが、相続に特化してあらかじめ最適な方向性をアドバイスできる資格です。今後、相続について士業が正式に国家資格となるのであれば、この相続診断士が一番の近道なのではないかと言われており、小出不動産では社員全員がこの資格を取得することを義務づけています。通常の相続診断士はセミナーなどで概要を説明するまでしかできませんが、相続診断士の上級を取得すれば、相続全般の相談に乗ることができます。国としてもきちんと相続税を徴収したいと考えていますから、今後何らかの動きが出てくるはずです。

不動産業者に関しては、なかなか懐全体まで見せてはもらえないのですが、こうして士業として相談に乗ることができれば、不動産を含めてトータルで資産を事前に整理することができます。これが、不動産業の新しい流れとなるのではないかと推測しています。もし今後の不動産業を活性化したいと思うのであれば、決して損にはなりませんから相続診断士の勉強をしてみるといいでしょう。

事例から見る町のコンサルティング

実際に私たちがこれまでどのような案件に対応してきたのか、いくつか事例を紹介しましょう。

○ケース1

まず、70坪の敷地の大きな一軒家で、家族を失い一人で暮らしていた方の例です。そのお宅は、大きく立派な家なのですが、もうかなり古びており、メンテナンスも必要な様子でした。そのお宅にうかがってお話しさせていただいた際、こちらが提案したのは、70坪のうちの40坪に住まいと敷地を縮小し、残りの30坪を売っていただくというものでした。

その30坪が売れれば、現在の家を解体して一人暮らしに適した新築の家を40坪の敷地に建築できます。このアドバイスを受けて、一人で持て余し、管理も大変だった敷地を分割することによって、その方の新生活がスタートしました。私たちも取得した30坪の土地を販売し、利益を得ることができ、お互いに良い結果を残すことができたのです。

○ケース2

ある老夫婦は、現在住んでいる家と土地を売って、2人で介護付き有料老人ホームに入ることを検討していました。しかし、いざ行動に移そうとしても、ご年配ゆえフットワークは重くなります。そこで、私たちはどのような介護施設を希望しているのかうかがいました。その条件は、親族が通いやすく、もし訪問してきたら宿泊できるような施設があり、静かで環境も良い場所と、いろいろな条件が出てきました。そこで、私たちは所有している不動産と預貯金からどれぐらいの規模の介護施設に入ることができるか、また長生きすればするだけお金がかかりますから、それも考慮に入れ、もっとも適切であろう介護施設探しを全面的にバックアップし、納得できるレベルの介護付き有料老人ホームを見つけ出すことに成功しました。

この経験を踏まえて、今はサービスの一環として介護施設探しを含めた不動産売買の商談を行っています。その際には持っているお金と本人たちの余命を想定する必要がありま す。余計なお世話かもしれませんが、これもひとつの大切な仕事です。超密着型の不動産業を目指すためには必須と考え、介護施設とはどのようなもので、どういう設備があり、どのような対応をしてくれるのか、入居する際に必要な金額はいくらぐらいか、といった施設の研究と情報収集を社員に勉強させています。

○ケース3

近年では「終活」も話題になっており、相談が増えています。よくあるのは、ある程度の資産はあるのだけれども、ケース2のように有料老人ホームに入るにはお金が足りず、資産を売って現金化しても高齢のため家を貸してもらえないという例です。特に一人暮らしの場合、火の不始末で火事を起こされても困るし、孤独死してしまってはその後の処理費用の問題や事故物件として不動産価値が下がってしまうために入居を拒否されるケースが現実に起きています。高齢になると保証人がいないことも多く、賃貸物件をなかなか貸してくれないのです。

この場合に私たちが取る対処方法は、このお年寄りの保証人になることです。その引き換えとして、不動産を会社で預かります。この条件を飲んでいただけるのであれば、保証人を引き受けるのです。もし何かあったときのためにいつでも連絡が取れるように親族や相続人の連絡先を聞いておき、いざというときの緊急連絡先も小出不動産にしてあります。私たちは、たびたびその家を訪問し、困ったことはないかとうかがいながら、生存確認を行い常に見守っています。相続人からのご要望があれば、定期的な連絡をする場合もあります。

○ケース4

先日、お子さんを産んだばかりの奥さんが会社を訪れ、私が対応しました。話を聞くと、子供も産まれ、夫も安定した仕事についているからそろそろ家を購入しようかということになり、何軒かのお店を回って最後にうちに来られたそうです。

ところが、私はその場で即、「もう何年かしてから購入されたほうが良いと思いますよ」とアドバイスしました。会社の若手社員は、その話を聞いて「買おうと思っているのなら、売ればよかったのでは」という意見を言っていたのですが、それではまだ目先だけしか見ていません。

実は夫の年収は800万円ほどで、自己資金は200万円用意しているとのことでした。ほかの不動産屋では自己資金がなくても買えると言われたそうですが、現在の資金状況では、いずれショートしてしまうのは明らかです。これでももし親の資金援助があれば別ですが、どうもそうではない様子でした。安定した企業とはいえ何が起きるかもわかりません し、もう数年貯蓄すれば、十分に頭金となる資金が貯まります。また勤続年数が長くなるほど年収が上がる可能性があり、銀行の返済に関する信頼度が高まるので融資をしてもらいやすくなります。

もしこれで目先を変えて自己資金に見合った中古のマンションを購入したとしても、マンションの費用だけでなく仲介手数料や取得税、その他諸経費がいろいろとかかります。しかも中古だけに、そのマンションを売っても、現在より高く売れる見込みはありません。

資金繰りが苦しくなって売ろうとしても、劣化しているため安く買い叩かれ、結局赤字が残るだけです。まだ夫も20代半ばということでとても若い夫婦でしたから、焦って今飛びつくより、数年待って自己資金も貯まり、余裕ができてからあらためて自宅を購入することを検討しても遅くはありません。このような理由から、私はあえて購入を勧めませんでした。奥さんも納得してくれたようです。その代わり、もし数年後に自宅を買う資金ができたら、ぜひうちへ来てもらうよう名刺を渡して念を押し、また何か不動産関連の質問などがあればいつでも答える旨を伝えました。何年か後にはお子さんが増えているかもしれません。そのときはそのときで、状況に合った不動産を紹介し、最善のサービスを提供するつもりです。

○ケース5

最後に少し不幸なパターンをご紹介しましょう。

その女性は80歳を過ぎており、旦那さんも亡くなられ、鉄骨4階建ての家の3階に一人で住んでいました。4階部分は息子さん家族が住めるように準備をしていたそうです。また1階と2階は4室分の賃貸住宅となっていて、その収入が生活の糧となっていました。旦那さんが亡くなったのはもう10年前のことで、不運だったのはその時点で遺産分割をしていなかったことです。というのも、女性は再婚で、息子と娘は前妻の子供だったのです。後妻である母親と子供の心の距離は遠く、互いに財産分与のことについては言い出しかねたまま10年が過ぎていました。ようやく息子たちが相続について弁護士に相談したところ、不動産の財産分与は10年で時効になってしまうので、その前のタイミングで遂に遺産分割の話を持ちかけることになったのです。

この賃貸物件は私たちが扱っていた関係もあり、息子たちの弁護士との交渉を私たちが担当することになりました。しかし弁護士側はなかなか譲歩せず、むしろ強く迫ってきました。最終的に不動産を分割し、賃貸収入については10年前までさかのぼって算出し、半分を子供たち側に返金する必要が出てきました。しかし生活費として家賃収入を全額使ってしまっていたので、現金はなく資産を売却するしかなかったのですが、鉄骨4階建ての建物は解体するだけでもかなりの金額がかかります。築40年ものだったので、売ろうと思っても買い手はつきません。選択肢は分割した財産を現金化するしか残されていませんでした。しかもその資産は夫から相続したものとなるので、税金が30％かかります。手元にはほとんどお金は残らず、しかも住まいも失ってしまいました。家賃収入もありません。場合によっては生活保護の必要も出てきます。

これまでうちで扱っていた物件で10年間管理料をいただいてきましたから、今度は私たちの側でその女性のアフターフォローをしなければならないと考えています。現在、その方にとって最適な方法はないものか検討中で、まだ明確な答えは出ていません。

非常に世知辛く厳しいことですが、現実問題として、ほかでも同様なことが起きている可能性は十分に考えられます。今回、たまたま私たちが関わっていたから発覚しましたが、女性ももう高齢でしたから、一人だったらきっと誰にどう頼んだらよいのかわからなかったでしょう。

家や土地を売るときは、ケース1や2のように良い結果に落ち着く場合もありますが、それ以上に後ろ向きの理由で売却せざるを得ないことのほうが多いのです。家が繁栄しているときは売ろうとは考えないものです。不動産の相続には、こうした残念なことにも懇切丁寧に対応していく窓口が必要です。私たちは町のトラブルシューターとして、あらゆる問題に手を差し伸べ、最善のフォローをしていくことが使命であると考えています。特にケース5の場合、不動産業の範疇を超えてしまっている問題です。しかし地元の話であり、自分たちにも関係したことだったので、女性の代理人として交渉に臨みました。

コンサルティングの専門家としてこの会社に入ってきましたから、従来の不動産屋のあり方を根底から覆していることはわかっています。しかし、せっかくチャレンジするのなら、儲かる不動産屋にしてしまおうと考えて選んだ道です。少子高齢化社会を迎えるにあたって、不動産業のあり方も時代とともに変わっていく必要があるということでしょう。

［第4章］

最低限のコストで住民の心を動かし、自社を印象付ける広告戦略

広告に影響を及ぼす新聞購読者数の減少

昨今、不動産の広告と聞いて思い浮かべるのは、新聞の折り込みチラシでしょうか。それともポストに投函されているチラシでしょうか。

不動産広告で今勢力を伸ばしているのは、ポストへの投げ込みチラシです。新聞のチラシは、中堅から大手不動産業者の企業しか入っていないのではないかと思います。

ひと昔前は、新聞のチラシが圧倒的に規模が大きかったのですが、ここ数年でめっきり減ってしまいました。その理由はとても簡単なことで、新聞を購読している家が減少してしまったからです。

新聞の発行部数（夕刊セット、スポーツ紙、夕刊紙含む）は1997年の約5377万部をピークに減少し、2017年現在は約4213万部まで右肩下がりに落ちています（日本新聞協会「新聞の発行部数と世帯数の推移」）。しかも、日本新聞協会の調査によると、10年以上前から購読を続けている人が8割を占めています。このデータから類推すると、主に読者層はほとんどが中高年中心であることがわかります。

不動産広告は特定地域にピンポイントで広告を出すのが普通ですから、新聞購読者数の減少は広告を目にする機会の喪失に直接つながります。また、インターネットの普及により、ネットニュースや電子新聞の発行などにより、紙媒体でニュースを読む家庭が極めて減少しました。

不動産の賃貸や売買広告は、定年退職してすでに住宅ローンを払い終わった世代ではなく、「これから家を買おう」「引っ越そう」という若い世代から40代ぐらいまでの層をターゲットに打つものです。その世代がほぼ新聞を取っていないならば、新聞の折り込みチラシを依頼する必要がありません。もしメリットがあるとすれば、高齢層で土地を売却して介護付き有料老人ホームに入ろうと考えている人々や、投資として不動産を購入しようとするお金持ちでしょう。行動を起こせばそれなりのまとまった金額が動くビジネスになりますが、なかなか腰を上げない人たちのほうが多いように思われます。

新聞の効果が薄れている一方、近年台頭しているのが、ポストへのチラシの投函です。

チラシの投函自体は結構前からありましたが、最近は業者も増えてきて、皆さんのお宅にもほぼ毎日ポストに何らかのチラシが入っているのではないでしょうか。

投げ込みチラシの最大のメリットには、狭小エリアに限定して配れること、ターゲットを意図的に指定して配れることなどがあります。

特に後者の場合、物件が3000万円程度の分譲マンションだったらそろそろ家を買おうかと思っていそうな賃貸マンションやアパートに絞って投函してもらえますし、土地建物を含めて8000万円の豪華な一軒家ならば、賃貸マンションに入れても無駄になりかねないので、ご子息のために買いたいと考えそうな、戸建ての大きめな一軒家を狙って投函してもらうことができます。販売したい商品の需要に響きそうな層を狙ってチラシを投函してもらえることで、効率のよい広告の配布となるのです。

ちなみにインターネットのウェブサイトに特定の傾向や趣味などを持った人々を対象に広告を出す「リスティング広告」というものがありますが、広告範囲がコントロールしづらく広範囲にわたってしまうため、ピンポイントが優先される町の不動産屋の広告としてはやや不向きなので、お願いしていません。それならば、ストレートに私たちのサイトに掲載したほうがメリットが大きくなります。

チラシを引き立たせる3つのポイント

すべての広告が人の目を引くことを目的としているので当たり前のことかもしれませんが、チラシの効果は「これは何だろう」と注目されることの一点につきます。

そのために必要なポイントは大きく3つに分かれると考えています。

まず4色のカラー広告でなるべく目立つ派手な色を使うこと。建物のきれいな写真やイメージ画像を大きく使い、物件に目を向かせて興味を持ってもらうこと。地図や間取りは必須です。これによって「この家に住んでみたい」という気持ちを高め、自分がここに暮らしたらどんなレイアウトにするだろう、と考えてワクワクさせることなどの効果を狙います。

そして、イメージキャラクターとして人の写真を入れることです。不動産のチラシは下手に作ると無機質な感じになってしまいがちですが、カラーのうえに、女性の姿という異質なものを入れることで、また目を引く効果があります。ちなみに小出不動産のイメージキャラクターを務めているのは私の妻で、昔、素人ながらテレビに出ていた時期があるため、この近隣ではちょっと知られた存在です。それもうまく利用しています。

もうひとつはスローガンを必ずきちんと掲載することです。

我が社のスローガンとは「繋がろう！　明日の笑顔のために。」(Relation to tomorrow smiling) です。小出不動産は町の不動産屋として知ってもらい、住民の皆さんに声をかけてコミュニケーションを取って不動産屋としてつながり、「アライアンス・ネットワーク」とつながり、みんなでハッピーになることができれば、きっとその先に明るい未来が広がっているというスローガンを掲げています。私たちが地元に必要とされる人間になるよう積極的にアピールしていることを、町内の皆さんにぜひ知ってもらいたい。そう願う気持ちを、チラシにしっかりと示しています。

このようなデザインとキャラクター、スローガンを3点セットにしたチラシを、一貫してつくっています。そして物件ごとに適した配布の仕方を依頼し、ポストに投げ込んでもらいます。

また依頼するだけでなく、チラシは地域を回るときにご挨拶がてら手渡ししたり、営業スタッフが自らポストに投函したりしています。しかし、できればドアを開けていただき、地域の担当者の顔と店名、チラシをセットで認識していただきたいと思っています。もし、いつか不動産の売買などが必要になったとき、ぜひとも私たちに預けていただきたいという思いを込め、なるべく手渡ししているのです。

チラシに割引券、ポイントは美容院

チラシに関して述べれば、すべてのチラシというわけではないものの、地元の商店で使える割引券をつけることがあります。

一種の金券のようなものですから、チラシへの注目度が高まり、またしばらく取っておいてもらえるため、本来の不動産関連の広告を眺める機会が増えるのです。しかも地元の商店なので、このチラシに掲載することによってそのお店にお客様が行くようであれば、それは両者にとってウィン・ウィンの関係になります。

割引券をつけるのは、日常生活に役に立つようなお店を選んでいます。意外なところでは米屋さんなどは、「何で小出さんのところでお米が?」という驚きがあったという話も聞いています。チラシにあるお店の3%割引券をつけた場合、その3%分の料金は、私たちが支払います。

こうしたチラシの割引券のなかで、特に効果的なお店が美容院です。

美容院は絶対に地元に一軒はあって移転することがなく、一定数のお得意様が見込めます。髪は絶対伸びますから、閉店するなどよっぽどの事情がないかぎり、お得意様が途切れることはありません。

美容院は施術時間が長いので、美容師の方々はカットやパーマの最中にお客様とよく話をします。そのためトークが上手な方々が多いのです。

この「美容院トーク」が、実はとても重要です。いろいろな話題がでますし、相手がお得意様ともなれば話はつきません。「あそこのお店がなくなるらしい」「今度近くにスーパーができるって」というふうに、所属する商店会や知っている情報を、施術中のネタとして話します。また、相手もなじみ客ですから、自分の知っている情報を美容師に話すということもあり、それがまた別のお客様に伝わるというのが当たり前のように行われています。つまり美容師こそ地元の超事情通であり、美容院は情報のたまり場なのです。

しかも顧客の多くは女性です。「女性は噂話好き」などともいわれますが、それよりも結婚している場合、家庭の主導権を握っているのはたいてい奥様のほうです。地元出身ならば特に、自分の親と同居して二世帯住宅を建てないかとか、賃貸も長いからそろそろ家を買わないか、といったことを言い出したり、夫の意見に決定権を持っていたりするのは奥様でしょう。少なくともかなりの影響力は夫より奥様のほうにあります。子供がいれば学校などの付き合いで、ほかの家庭の奥様と親しくなるはずですから、どこかで会って立ち話ということもありがちで、口コミが広がりやすいのです。

こうした奥様方に情報を伝えるトーク力を美容師は持っていますから、私たちの宣伝活動の対象として、美容院は絶対に外せません。地域担当者は必ず美容院に定期的に顔を出しますし、チラシにも美容院の割引券を付けることが多くあります。

トークの最中にお客様から引っ越しや家を買う話が出たら、小出不動産を紹介してもらえるよう、特に力を入れて営業活動をしています。

リニューアルしたウェブサイトで情報提供

今後、力を入れていきたいのがウェブサイトとブログです。現在も会社のウェブサイトはありますが、何より物件の検索はスマートフォンとパソコンが優先されます。ご年配の方はインターネットが苦手といわれていますが、見ると結構スマートフォンを使っていたり、自宅のパソコンを使って情報検索をしていたりするようです。インターネットは若い人たちだけのものでもなくなっています。とはいえ、比率でいうと、圧倒的に若い人が多いことは事実です。

チラシや配布物には会社のＵＲＬが書いてありますから、そちらからウェブサイトを見ていただければ私たちの会社概要から現在お勧めの物件情報、各種サービスなどを紹介しています。

ウェブサイトのデザインについては、基本的に私が全体のプロデュースを行い、ウェブサイトづくりに詳しい社員に形を整えてもらって制作しています。ちなみにウェブサイトの制作者にはきちんと制作手当を出して作業してもらっています。

情報もなるべく最新情報が手に入るよう、頻繁に更新しています。ウェブで検索する人は基本的に上京したり、引っ越したりする若い人が多いですから、賃貸物件を中心として常に新規物件を掲載しています。デザインも、なるべくわかりやすく煩雑にならないようなつくりにしているつもりです。

2017年まで「社長のブログ」という名称で、社長が近所の新規サービスやおいしいお店、イベントなどの話題を中心にブログを更新していたのですが、おいしいお店などはもうほぼ一回りしてしまったりして、最近はちょっと物件ネタが中心となっていました。そこで、もう少し情報を整理して、18年1月から、「スタッフブログ『大井町と大森、ちょい散歩♪』」という名称で、スタッフが交代でブログを更新する形に変更しました。また、ズラズラと情報が羅列していたのを改めて大カテゴリーを大井町と大森にし、それぞれに「グルメ情報」「ショッピング情報」などカテゴリーをぶら下げる形に変更しました。そのほか、スタッフ日記やお知らせなども別項目として立て、全体的にスッキリさせました。

ほかに、たとえばオーナーさんが運営している生花教室があるのですが、生花指導がないときにそのスペースをヨガ教室などに貸し出しています。こうした教室の紹介や、商店街のお店など、関連サイトもリンクさせています。

「交通広告」は信用力向上に有効

交通広告とは、駅や電車、バスなど、交通機関に関する場所で見聞きできる広告のことです。

小出不動産は、東急大井町線の改札の上の場所に広告を掲示してもらっています。これは年間契約でずっと継続して出している広告で、予算は年間120万円なので、月10万円という計算になります。

こうした交通広告は昔からあるタイプの広告方法ですが、公共機関に広告を出すのは、チラシなどとはまたちょっと意味が異なり、鉄道会社やバス会社などが認めた信頼できる広告というお墨付きをもらえます。ただ、特に駅の看板などは頻繁には交換できないので、ここには会社名だけを大きく掲げています。通勤する会社員や学生など、駅を利用する人が改札に向かったときに何となく目に入るという、一種のサブリミナル効果を狙っているものです。会社名を無意識に頭の中に刷り込むことで、不動産に関わる必要性が生まれたときに、ふと「あ、小出不動産」と思い出してくれれば、理想的です。

交通広告にはほかにも、バス停の広告やバスの車内アナウンスなども含まれます。バスの車内アナウンスについては一度交渉したのですが、こちらは、地元の歯医者や居酒屋などに人気でずっと先まで契約がいっぱいなので、諦めました。

このほか、公共広告としては、品川区役所の戸籍住民課に設置されているデジタル広告板に広告を出しています。これも、転入・転出の届けや住民票を取りに行ったときの、名前を呼ばれるまでの待ち時間の間に、少しでも会社の名前が目に入ればということで実施しています。このデジタル広告は完全データ入稿なので、こちらでつくって納入します。やはり引っ越しシーズンは春や秋が多いですから、そのタイミングで見てもらい、次の引っ越しを考えたときなどに来てもらえればと思います。

広告というと、テレビやネット広告などを思い浮かべがちですが、その類の広告は、自動車や銀行など大企業なら効果的ですが、当然、地域性に特化したタイプの企業には向いていません。ローカル放送局で深夜などにごくニッチな居酒屋などのCMが流れることがありますが、予算的にも困難ですし、もっとピンポイントでなければ、うちのような会社はPRできません。

そこで行っているのが、たとえば回覧板への広告の挟み込みや、町内で配られる町内マップの隅の名刺広告、郵便局で切手やハガキを買ったときなどに入れてくれるビニールの袋の広告などです。これらは本当の意味で地元に根付いた広告の仕方です。町内マップの隅の名刺広告は1枠1万円程度。郵便局のビニール袋の広告は対象の郵便局を指定でき、1000枚以上から100枚単位で1年間広告を入れてくれます。郵便局広告のメリットとして「全国2万局からピンポイントで選択できる」「中高年、主婦へのPR効果大」「家庭やオフィスに宣伝効果がある」「公共性と信頼性」などが挙げられています。郵便局は民営化されてから広告をいろいろと募集しているようですから、ウェブサイトを調べていただくと、このほかにも小さな広告出稿ができることがわかるかと思います。

まずはイメージカラーの浸透から

何より「広告」としてアピールしているのが、「緑色＝小出不動産」のイメージカラーです。制服のポロシャツが緑色と述べましたが、そのほか、社員の乗る自転車も緑色でカゴには社名入り。バイクも営業車も全面緑色に塗装し直して、社名を入れています。本当は、東急バスなど地元を走るバスも緑色にしてラッピング広告をしたいのですが、さすがにこれはちょっとお金がかかります。現在検討中なのは引っ越し用のトラックを購入し、緑色に全面塗装し、引っ越しのお手伝いサービスをすることです。バスのラッピング広告よりはこちらのほうが安上がりで契約期間もないですから、いつか実現したいなと思っています。

こうした広告の費用対効果は正直なところ、計算のしようがないのでわかりません。しかし、目的は皆さんの目にイメージカラーと社名をセットで焼き付け、何かの折に思い出してもらったり、立ち話の話題にしてもらったり、口コミで広げてもらったりすることです。これは数値では計り知れない財産になると思っています。

もちろんどんなことをしている会社なのか、店に行ってみようかと思っていただけるのがベストですし、そこまでいかなくても店の前を通りかかった際、自転車で走り回る社員を見かけた際、駅の改札を通り抜ける際、ひいては春の緑の若葉でも、色鉛筆でも、スーパーの野菜でも、緑色を見かけたときに、その都度「ああ、小出不動産ってところがあったね」と思い出してもらえれば、それでいいのです。広告には具体的な商品広告と企業のイメージ広告がありますが、チラシは前者の商品広告の範疇、そして緑色に関連付けて思い出していただけるのが後者です。

広範囲に知っていただく必要はありません。とにかく大井町の住民の皆さんにピンポイントで私たちのことを知っていただきたい。創業67年とはいえ、まだまだ私たちのことを知らない方々はいらっしゃいますから、一人でも多くの皆さんに名前だけでも認識していただけるよう、努力しています。

満員御礼の小出不動産主催のオーナー会議

企業としての収益を伸ばすための営業の一環として大切なのが宣伝・広告活動です。私たちも、弊社が何を考え、どのように事業展開をしているのか幅広く知っていただき、共感してもらえるよう、さまざまな取り組みを行っています。

なかでも特に力を入れているのが、小出不動産主催のオーナー会議です。

ご存知だとは思いますが、大手不動産業者では頻繁に無料の説明会やセミナーを開催しています。これは、現不動産所有オーナーへの情報提供がメインとなりますが、小出不動産では土地を持っているのだがどう使おうか考えている、「未利用地所有オーナー」の皆さんに向けてイベントを行っています。

このイベントは2種類あり、現場説明会とセミナーに分類されます。

現場説明会は、たとえばあるオーナーの方が土地を駐車場にしたケースや、アパートや住宅を建設して入居前に内覧してもらい、その不動産の利用法を実際に見ながら具体的に説明をするものです。

現場説明会は、たいていはその建築を請け負った会社との協賛で行うことも多く、一種のショー的なイベントになる場合もあります。内覧の際には、たとえばこのような新しいキッチンシステムを設置したというように、具体的に付帯設備を紹介しながら、これによって本来家賃7万円前後のアパートが7万8000円で提供できるというように、具体的な数字にして示します。設備やアイデアのおかげでプラス8000円の家賃に設定できるというところを実際に見てもらっていますから、「うちもそうしよう」というように、反響が多く集まります。一軒につき8000円なら年間96000円になりますから、掛ける住宅戸数で、より大きい収入が得られることになります。

協賛するハウスメーカーがある場合、その会社をオーナーに紹介することにより、一般的には建築契約の３％程度の紹介料が入ります。またこのイベントでアパートの建築を決めた場合には、小出不動産の管理するところとなり、所有者との長いお付き合いが始まります。これこそ私たちが求める成果であるということです。

一方のセミナーは会場を借りて、何らかのテーマを設けたり、実際の建築実績などを紹介したりする座学タイプの説明会です。

とくに「オーナー会議」と銘打ったイベントは年1回のペースで開催する座学タイプの勉強会です。たとえば相続や消費税増税への対応など、現オーナーやオーナー候補者にとって気になる、または興味のある話題を取り上げ、税理士や弁護士などの専門家を招いて解説していただくものです。これが実は好評で、品川区の施設「きゅりあん」などを借りて40~１００人程度と人数を限定して開催しているのですが、おかげ様ですぐに満席となるほどの盛況ぶりです。重要なはずなのにこれまで具体的な説明を受ける機会がなかったニッチな話題を取り上げ、詳しく解説することで、ほかの不動産会社のセミナー以上に注目されているようです。

また、このセミナーでは、都市開発事業部のトップを担当する私が、私たちのこれまでの実績や事業展開、そして今後、大井町を中心として東京はどのように変貌していくかという将来展望とそれに対する取り組みを紹介させていただいています。この3年間に、綿密なコミュニケーションを取ることによって、地域の皆さんに育ててもらってここまで実績を上げてきたことを、詳しく説明させていただき、オーナー候補者の皆さんのさらなる信頼を確保していくことを狙いとしています。講演終了後には、個別の無料相談会を実施しており、興味を持っていただいた多くの方々が相談にみえます。

オーナー会議や各種説明会については、その都度ウェブサイトやメールマガジン、チラシなどでご案内しています。

ほかの企業でもよく行われていることですが、私たちも宣伝用にノベルティグッズを作成しています。各お宅を訪問する際、チラシとともにボールペンなどを添えてお渡しするほか、夏のイベントなどのときにはうちわ、12月頃ならクリスマス関連グッズなどを作っています。

また多くのお客様が集まる現場見学会などの際には、マグカップなど通常よりも費用をかけたグッズを制作しますし、さらには新米2キロや、協賛企業のグッズや商品などが当たる抽選会も開催したりして、イベントを盛り上げています。

図面と見積もりを見て建築にもアドバイス

私たち不動産屋にとって、建築業は関わりのある分野ではありますが、紹介をする程度で実際に建築会社と密にコミュニケーションを取っているところは多くないかもしれません。しかし私たちのスタンスは「住宅に関することは何にでも積極的に関わる」ということです。

住宅を購入しようとした場合、直接うちへ来て建売住宅を購入する方もいらっしゃいますが、せっかく建てるなら自分の理想にピッタリ合った家を自由に建てたいという需要もあります。一生に関わる大きな買い物なのですから、当然でしょう。その場合、どんな感じか様子をうかがうため、住宅展示場へ足を運ぶことになります。これらはたいていハウスメーカーが運営しているものです。

やがて、ある程度具体的なアイデアがまとまってハウスメーカーへ依頼すると、間取り図を含めたキープランと見積書が出てきます。大半の方なら、それを見て「いいね」と話を進めてしまうかもしれません。しかし、慎重な方なら、また別のメーカーから同様に見積書を取ることもあるでしょう。

ただ、その両方の見積書を目の前にして、どちらがいい家なのか、見積金額は妥当なのか、という点を見極めるのはかなり困難だと思います。

そんなときも、私たちの出番です。私自身が住宅会社に勤めていた経験がありますから、その間取り図と見積書を見ればだいたいのことが読み取れます。

たとえば、この柱が余計でオーバースペックになっているのではないか。これを取り除けばこのように間取りを広げることができ、価格も安くなるはず、といったおおよそのことが判断できます。

何千万円の世界を扱うのですから、簡単に１００万円単位の減額ができてしまいます。

また土地のある場所を見ると、どれぐらいの大きさの家がいくらぐらいで建つか、さらにその家の建築ならどこのハウスメーカーが向いているか、という推測もできます。

例を挙げると、土地が6メートル幅ぐらいで広く、大型車の道路付けができるような場所なら、大和ハウスなどが向いています。というのも、彼らは工場で家の外壁を配線まで込みでパネル状につくり、運んできてクレーンで組み立てていくという建築方法を取っているからです。これが、道幅の狭い土地となると、こうした大手ではかえって経費がかさむことになり、むしろトヨタホームやタマホームなどのほうが小回りがきいて安く上がるなど、その条件によって最適なハウスメーカーの選び方も変わってきます。

同様に、水回りについても、メーカーが分散すればするほどコストは高くなります。製品によっぽどのこだわりがある場合は別ですが、たとえばＬＩＸＩＬのようにＩＮＡＸやサンウエーブなど、住宅関連設備をグルーピングした会社ならば、一括で発注できるため、断然コストが下がります。ある設備にこだわった場合に、それがトータルとしてチグハグ感を生み出していないかといったコーディネートも指摘でき、展示場への案内もします。

このような建築関連のアドバイスを「コンストラクション・マネジメント」と呼びますが、その見地からアドバイスし、できるだけ要望を満たしながら金額調整などを行い、お客様の代理人として建設会社と交渉するサービスも業務の一環として請け負っています。

ハウスメーカーと親しくなってチャンス拡大

建築に関してもうひとつ大切なことは、現場監督の腕です。現場監督がしっかりしていれば、どこのハウスメーカーを使ったとしても立派な家を建てることができます。若くて経験も浅そうな現場監督なら、かなり不安になります。そこで、私たちがハウスメーカーと交渉に入るときには、経験を積んでいる現場監督を手配してくれることを要望として先方に出します。そこで「経験20年のベテラン監督を手配しました」という回答があれば、「その方は今どこで施工していますか」と場所を尋ね、現場を抜き打ちでチェックしに行きます。前もって日時を告げると、そのときだけ用意しているかもしれませんので、それを避けるためです。見に行った現場がきれいで作業員もしっかりと働いているようであれば、優秀な監督だと判断します。

こんなところは、普通の不動産屋なら立ち入る必要のないところですし、業務として何か収益が直接生まれるわけではないので無駄なことなのかもしれません。しかし、一世一代の勝負に出たお客様にとってはとても重要なことで、ここで失敗して後悔させるわけにはいかないのです。我が社にはたまたま私を含めた何人かにその知識があるもので、それを利用しているだけですが、お客様にとっては大きなサービスだと受け止めていただけるのではないでしょうか。また、実際に現場を見ることで、最近の新しい施工方法やトレンドを知ることができ、勉強にもなります。

こうやってハウスメーカーとやり取りをしていると、今度は先方から連絡が入ることもあります。

一軒家を持とうと思って住宅展示場に来るお客様のうちおよそ7割は、土地を持っていません。つまり、家と同時に土地の売買も必要になるのです。すると、同時に土地探しもしなければならないわけですが、私たちと顔見知りになっている営業マンの方だと、もし大井町方面に家がほしいという要望があるときには、私の会社を優先的に紹介していただけます。

そんなこともあって、大井町周辺には馬込展示場、蒲田展示場、そしてちょっと離れますが世田谷展示場、駒沢展示場などがありますので、これらの展示場には手土産を持って半年に一回ぐらい定期的に挨拶に行き、ヒアリングや情報交換を行っています。

このように、土地だけでなく上モノまで面倒を見てくれる不動産屋はそう多くはありません。しかし、お客様にとってはとてもメリットのあるサービスだと思っていますから、今後も継続していきます。こうした点も、ほかの不動産屋とは差別化されるポイントのひとつでしょう。

支払うならTポイントがもらえるほうへ

ポイントカードは現在、いろいろなところで導入されています。ネット通販が盛んになってお得感があるとして早いうちから話題となっていたのが、楽天カードです。ほかにもイオンのWAONカードやローソンなどで使えるPontaカードなどいろいろありますが、最近俄然勢力を伸ばしているのが、TSUTAYAを運営するカルチュア・コンビニエンス・クラブ（CCC）が展開しているTポイントです。当初はビデオレンタル用のカードだったものが、ポイントを企業でも付与するようになりました。それでも楽天カードに押されてはいましたが、ソフトバンクが提携したことによって近年圧倒的な勢いで広がっています。2017年8月現在でユニークユーザーは約6400万人となり、日本国民の半分がTポイントを利用していることになります。楽天カードが主にネット通販でしか使えないのと違って、Tポイントはファミリーマートやガソリンスタンド、スーパー、薬局など実店舗でもポイントの加算・利用が可能で、加盟店が急速に増えているため、Tポイント集めに目覚めた人も多いのではないでしょうか。

私の会社も7年前、先代社長のときからTポイント加盟店となっています。品川エリアの不動産業としては初めての加盟で、当初、不動産は普通の商品とはやや趣の異なるものなので詐欺行為を働くこともできるのではないかと、Tポイント側で大変な議論になったそうです。しかし何とか認められ、賃貸限定の仲介料を対象にしてスタート、そのうちに不動産売買についてもポイント付与が可能になりました。楽天カードは不動産を扱っていないので差別化できているうえ、金額が高く一気にたくさんのポイントが貯まることで、同じお金を払うのならTポイントをもらえるほうが得として、好評を博しています。現在は後発大手不動産業者も導入しているようですが、町の不動産屋ではおそらくほとんど扱っていないのではないでしょうか。

Tポイントは1万円につき100ポイント付与されますから、通常7万円の仲介料なら700ポイントになります。ただし、5倍、10倍、最高20倍まで設定ができるため、小出不動産では通常期間でポイント5倍設定、つまり7万円で3500ポイント、キャンペーン期間中はさらにポイントの倍率を上げ、お得感を高めて集客に利用しています。特に引っ越しの多い春秋の繁忙期や夏などの閑散期にTポイントのキャンペーンを実施すると、繁忙期はますます集客率が高まり、閑散期も通常期と同じぐらいに顧客数を引き上げたりすることができるので、トレンドやタイミングを見計らってポイントのお得キャンペーンをいろいろと調整しています。

不動産売買の仲介では数百万円が対象になることもありますが、金融商品取引法の制限があるため、上限は１００万円（1万ポイント）までと決められています。

特にTポイント利用者は20代から50代ぐらいまでの人が多く、賃貸や新居購入の利用者と年代がほぼかぶるので、集客として効果的です。

Tポイントの仕組みは、1万円で１００ポイント付いた場合に、ＣＣＣに１００円を支払うという仕組みになっています。つまり負担はすべて店舗持ちとなるのですが、それを差し引いても収益面でのメリットは大きいと思います。

ただ近隣の不動産業者が同じくTポイントを開始したとしても、こちらから抗議することはできませんので、そこは上手に対応する必要があります。もっとも、通常の町の不動産屋がTポイントを導入する可能性はあまり高くはありませんが。

ＣＣＣに申し込めば、多少の審査はあるものの、よっぽど問題がないかぎりはすぐに加盟できるはずなので、集客に力を入れたいという場合は検討してみてもいいのではないでしょうか。

不動産業はあらゆる経済活動の起点となる

私たちは不動産屋ですから、土地の売買、賃貸住宅の紹介などが本業です。ただ、そう考えてしまうと、それこそ「待ち」の不動産屋で終わってしまいます。

しかし考え方をちょっと変えてみると、とてつもなく幅が広がります。それは、私たち不動産屋は、住空間を提供しているということです。

人や家族が暮らす空間の提供はすなわち人々の購買活動にまず結びつきます。カーテンも家電も車も、ファッションもすべて、住空間があってこそ。子供が生まれたら子供用品、文房具、カバン、遊具などなど。さらに、美容院、病院、薬局、学校、通勤・通学など、家庭だけにとどまらない消費活動が、その居住空間から始まります。

人が居ついてくれれば、町は発展します。チラシの割引券のように、その町にお金を落としてくれれば、町も人も潤います。

引っ越してきたのを機会に、新たに電化製品を買い換えようとする人は多いので、私はなるべくお客様に尋ねるようにしています。というのも、家電のメーカーが統一していれば、ひとつのリモコンでリンクしたり、見た目にも統一感がでたりするからです。近い将来には、スマートフォンのアプリやＡＩスピーカーひとつで家中の家電や設備がコントロールできるようになるはずですから、ましてや家電メーカーはできるだけ統一していればいいに越したことはありません。

家電を買うなら、駅前の大手量販店とも考えがちですが、商店街にも日立やパナソニックなど、メーカー特約の電器店があり、大手量販店と同じくらいのサービスの提供ができるのです。地元商店街で家電を買ってくれれば、修理の際に電話をすればすぐに来てもらうことも可能で、大手量販店より自由度は高くなります。何より商店街にお金を落としていただけば、小さな経済活動が地元でひとつ生まれます。

人が暮らすということは、すなわちこうしたミニマムな経済活動の始まりを意味します。それらが集まって町の経済、都市の経済、都道府県の経済、そして国や世界の経済にまでつながっていきます。

その根源となるものが住まいだと考えると、私たちが提案したことでほんのわずかでも世界が変わる可能性が100％ないとはいえません。またその人が私たちの勧めた住居に住むことによって、その人も周りも、さらには全世界の人の運命を左右することさえも究極的にはあり得るわけです。

ここまで話を広げると大げさすぎて嘘くさくなってしまいますが、人生や経済を底辺で支え、変える力もある住まいという空間を提供している意識は、持っていても悪くはないでしょう。

社会貢献活動で認知度を高める

もうかれこれ3年経過し、緑色のポロシャツもだいぶ町に認知されてきました。

エリア担当者が自転車で走り回ってご挨拶している効果はもちろんですが、私たちは積極的に地域のイベントや、地域の活性化を図るために行われている大井町「大井どんたく夏まつり」に揃いのポロシャツで参加し、露店で社名入りのうちわなど、さまざまなグッズの配布などを行っています。

また区民のために何かできることはないかと模索し、5~6年前から「みどりと花を守る会」という団体をつくり、池上通りにある「鹿島庚塚児童遊園」の清掃ボランティアを月2回続けています。もともと自主的な社会貢献活動として始めたものですが、現在、品川区役所と正式なサポーター契約を結び、清掃用具や保険の付与をしていただいています。

清掃に関しては、公園の草むしりや掃き掃除などを行っていますが、私たちの本業として、アパートの定期清掃サービスを有料で行っている関係上、社員は「掃除のプロ」となっていますから、清掃時間は2時間ほどで要領よく行い、かつ清掃の質は高いと自負しています。

また地域の不法投棄などを発見した場合には、ボランティアで回収と清掃作業をしています。

また地域教育にも参加しています。中学校の職場体験授業が品川区で行われています。

これは、生徒さんたちが数人の班に分かれて区内の仕事現場を実際に訪問するというものですが、不動産業の見学担当として、私たちが毎年協力しています。私は生徒さんたちを前に、業界や業務の説明をしています。不動産はものづくりではありませんから、具体的なものや制作過程を見せてあげることができません。大きなお金が動く仕事ですから、中学生とはいえ生徒さんたちの中にはピンとこない人もいるかもしれませんが、生徒さんたちは真面目に耳を傾けてくれます。その後、学校に戻ってからレポートなどを提出するのでしょう。また何人かの生徒さんからはその際のお礼状もいただき、むしろ、こちらこそお礼をいいたいぐらいの気持ちで拝見しました。将来いつかどこかで不動産や相続の問題にぶつかることはきっとあるはずです。そんなときに、「昔、町の不動産屋で職場体験をさせてもらったな」と少しでも記憶の片隅に残しておいてくれれば嬉しいかぎりです。

お金をかけずピンポイントで効率的な広告を

全国展開をする企業だったら、広告にお金をかければかけるほど効果はあると思いますが、私たちのような弱小企業では、それほど広告にお金をかける余裕はありませんし、ピンポイントで地域に知ってもらえれば広告の役目を果たします。だから、金額で考えるのではなく、どれだけ効果があるか、つまり社名を知ってもらえるかどうかがすべてです。

たとえばアパートの売買については、1年に6棟ぐらい、つまり2カ月に1棟売れればいいほうです。出入りのお金は大きいですが、そこにいたるまでに細かい交渉や作業がいろいろとあります。そのきっかけをつくるのは、すべて地域の広告です。

うちの土地が余っているから有効活用するにはどうしたらいいだろう。そう考えたときに、すぐに私たちの会社名が浮かんできてくれれば、広告効果があったことになります。緑色のポロシャツで町内を訪ね歩くのは、すべてそのためです。小出さんのところに行ってみようと思わせる印象を残すには、色もそうですが、営業マンの態度や誠実さ、一生懸命さ、地域貢献活動を見ていただけたこと、イベントなどのノベルティグッズ、ウェブサイトなどすべてが広告活動です。店でじっと待っていても、誰も寄りついてはくれません。お客様を振り向かせるだけの何かを伝えることが、広告そのものの効果であり、金額ではないのです。

普通の企業と違って、お金をかけても売り上げがついてこなければ、費用対効果は悪くなります。費用対効果を上げるためには、お金をなるべくかけないで知ってもらい、契約に結びつけることしかありません。

アパート管理を請け負っていますが、大家さんに許可を取ってアパートの看板や塀に会社名と電話番号の入ったポスターを貼らせてもらっているのも、こちらのお願いを聞いていただいているからであり、美容院とのお付き合いも、口コミ効果を狙っていることが大きな目的です。

そういった意味では、自分たちの努力だけでなく、他人へのお願いや協力の下で広告をさせてもらっているといっても過言ではありません。地域に特化した広告を打つためには、こうした小さな努力の積み重ねが必要なのです。

経理上の広告費に関しては、ひとつの方針があります。それは、ノベルティグッズの作成や会社のポロシャツや祭り用の法被など社名を広げるための広告については、会社全体の広告費として計上していますが、たとえばある特定の物件のチラシやプレゼントなどについては、プロジェクトごとの費用の中に入れてしまいます。

15人ほどの規模の会社ではあまりやらないことですが、うちではそれぞれをプロジェクト単位の縦割りにして会計しています。その中に個別の広告宣伝費用が入り、プロジェクトのリーダーの権限で実施されるため、歩合制ですからここで費用をかけすぎると自分たちの収入が減ってしまうことになります。そこで、いかにして無駄にお金をかけずに宣伝するかというのが、プロジェクト担当者の工夫次第となります。社員にコスト意識を持たせて、無駄な経費を使わずにいかに取り分を多くするかという点を考えること全体が、事業計画に織り込まれています。このように、広告の扱いに関する明確な線引きが、利益を生む源のひとつとなっているのです。

［第5章］

「地域内グループ」を築いて経営を磐石にする組織戦略

コントロールできる範囲は1駅隣までに限定

当初は4人のうち正社員が2人という会社でしたが、旧態依然とした「待っているだけ」の不動産屋では今後立ち行かないだろうと思い、不動産屋の概念を根底から覆して営業活動に力を入れ、「攻め」の姿勢で向かっていくことを真っ先に考えました。その結果、いきなり若手社員を5人、フルコミッションで雇うというスタイルに行き着いたことは、すでに説明しました。

せっかく大井町という地盤があるのだから、全員で積極的に町に出て、お宅を訪問し、人と話し、まずは会社を住民の皆さんに知ってもらうことからスタートしました。そこでみんなと力を合わせてウィン・ウィンの関係を築いていこうという発想が、「繋がろう！明日の笑顔のために。」というキャッチフレーズに込められています。

町の人たちはもちろん、地元の工務店や左官屋やクロス屋、電気工事会社といった職人たち、地元の商店街のそれぞれのお店など、不動産屋がすべての個人と連携し、「アライアンス・ネットワーク」をつくって活用していくことで、お互いにハッピーになれる仕組みをイメージし、実際にそのような関係性を育ててきて現在にいたります。

私たちは、この小出不動産という会社を大井町の「ハブ」としていくことを理想としています。現時点では基本的に大井町2丁目から7丁目までに限定されており、まだ完全に地域の皆さん全員とつながったとは言い切れないので、道半ばです。私たちには、まだまだやるべきことがたくさんあります。


また、この会社をハブとした場合に問題点もあります。それは、行動範囲をあまり広げることができないということです。電話やメールのやり取りには距離は関係ありませんが、不動産売買や建築という実務がからんでくると、会社から現場までの距離の長さは、コントロールしにくい壁となってしまいます。

常識的に、どんなに腕がいいとはいえ、品川区大井町のアパートの建設に足立区の職人が関わることは、通う時間だけでも無駄が生じて無理だとすぐにわかります。また、何かトラブルが発生して急遽お願いすることがあったときに、足立区からすぐに駆けつけてくれることは困難です。ならば大井町周辺で同じくらいの腕前を持つ職人を探して、常時お願いする契約をしたほうが、お互い気楽に付き合うことができ、フットワークも軽くすぐに駆けつけてもらうことができます。

このような連携をより強くするためには、一定の近さが必要なわけです。

また不動産の売買にしても、同じ1500万円の土地だったら、会社から近い場所のほうが交渉時間や交通費を少なくできるため、全体のコストダウンになります。ほんの些細な金額の無駄も、積もれば大きくなります。こうしたコスト意識を社員みんなが持つことで、無駄を省き、効率的に多くの利益を上げることができます。


そんな意味で、私たちの守備範囲は大井町から隣駅の大森ぐらいまでが限界です。1駅隣までなら自転車で行くことができますが、そこから先の蒲田になってしまうと、もう電車に乗らないと行けません。だから、大井町をターミナルとして1駅まで、というのが私たちのコントロールできる範囲の目安です。

利益率についても、近いほうが、コストが下がる分だけメリットとなります。私たちがサービスを提供するためには、それを可能にするだけの儲けがなければ、提供するサービスの質も落ちていきます。これは不動産仲介にかぎらず、すべての業種で同様だと思います。儲かっているからこそ、その利益をサービスとして還元できるのです。

その限界の範囲が1駅ということであり、それ以上拡大すると、利益率が低下し、フルコミッションで働いている社員たち個人の収入が減ってしまいます。そうならないよう、一定の距離から出ないようにしているわけです。

会社として今後店舗を増やして業務を拡大していくならば、基本的に東急大井町線沿線に拠点を構えていくことになるでしょう。ただし、それぞれやはり1駅隣までが担当地域の限界となります。そこから逆算すると、1駅おきに支店を設けることができれば、点と点がつながって線になっていき、それぞれで同じ水準のサービスを提供できるようになります。

現在所属している社員たちを将来独立させて、アライアンス・ネットワークを沿線に築いていくことができれば、町の小さな不動産屋でも大手並みに東急大井町線を開発することが可能となるのです。

プロジェクト制を取り、縦割りで一円単位まで計算する

私たちの組織は、大きく分けると社長がトップを務める賃貸管理事業部と、私が担当する都市開発事業部の二本柱で成り立っています。前者はその名のとおりアパートやマンションなど賃貸物件を扱うチームです。こちらは私が入社する前から社長が担当しており、引き続き事業を運営しています。

そして先代社長が担当していた不動産売買と土地活用を受け持つのが後者です。最初に立て直しを任された部門でしたが、今までと違って地元密着のエリア担当スタッフを置くというアイデアを導入するために、新規社員を集めました。だから、この会社の規模からすると社員の数は一般の不動産屋よりも多くなっています。

ここで、社員のフルコミッションの詳細がどのようなものなのか紹介しましょう。

まず、地域担当がそれぞれ積極的に営業活動をし、土地を売却したがっている方、遊休地の活用方法で悩んでいる方、古い土地を売って新しい物件を購入したい方などを探し、

電話や来店で相談された方には基本的にそのエリアの担当者がついて詳細をうかがいます。

これで話が進んだ場合、その段階でひとつのプロジェクトが立ち上がったことになり、担当者にプロジェクトが任されます。ただ不動産売買関連では手続きや調査などやるべきことがたくさんあるため、とても一人ではできません。そこで2~3人のサポート役がつき、担当者がプロジェクトリーダーとなってひとつのチームを結成します。そして上司との相談や検討のうえ、お客様との調整をしながら最適な成約に向けて行動します。

成約にいたった後に会計となりますが、この部分はもっとも変化を加えた部分かもしれません。


昔ながらの不動産屋はドンブリ勘定のところが多く、いくら経費がかかっていくら利益が出たという計算を、交通費やお土産代のレベルまで詳しく算出する意識が欠けていました。だから、その取引が効率よく行われたのか、それとも無駄が多く本来見込めた数字よりも利益が低くなってしまったのかが判別できませんでした。ただ何となく儲かっているようだからこれでいい、というところがありました。小出不動産についても、そんな一面があったことは否めません。

しかし、私がこの部門を担当するようになってから、プロジェクト単位に予算と期日を決め、それに対して何％まで達成しているかを逐一チェックし、収支を一円単位まで細かく計算して予算の範囲内に収め、黒字になるようにしていくことを徹底しました。

たとえば社用車には走行距離簿をつくってあり、どの部門がどこからどこまで利用したかを明記させています。ガソリン代は一括で支払っているので、その走行距離簿をもとに部門ごとの総距離の比率で毎月ガソリン代を分割し、それぞれの経費に入れていきます。ここまで徹底して正確に収支計算をすることによって、どこにどれだけのお金がかかっているのかが明らかになり、利益も可視化することができます。この方法は新しくもなんともなく、一般の企業でも普通に行われていることで、金額やプロジェクトの規模が違うだけです。

ここで黒字にして業績を上げれば収益に見合った収入が得られるということで、社員にはフルコミッション制を導入したのです。チームに対して支払いが行われ、チームリーダーが全体の50％、残りをサポート役が均等に分配するルールとしました。

もしそのプロジェクトで、本来なら社用車で済むところにタクシー代をかけた場合などがあれば、すべてこの会計の中に収めていくので、無駄が生まれればそれだけ自分たちの取り分が少なくなるわけです。この仕組みが社員にとってのコスト意識となって反映されるため、自然と無駄を省き効率を求めるようになります。

ある意味、チームを作って一儲けしてくれればそれでいいが、すべて自分たちで完結すること、という一種のカンパニー制のようなものです。

チームリーダーとなった社員は、別のプロジェクトが立ち上がったときにはサポート役に回ったりし、全員が何らかのプロジェクトのリーダーでありサポート役であるという状態にして、業務を回しています。毎日報告会がありますし、プロジェクト会議には私たち上司も参加してアドバイスをし、メールもＣＣで担当者全員にすべて届くようにしていますから、進捗状況や問題点も把握できます。主たる仕事を行いながら、ほかの業務にも関わっていくことで、オールラウンドプレイヤーになってもらい、常にお互いをサポートしながら業務を進行できる体制をとっています。

会社のイメージ広告や駅の看板広告、オーナー会議の経費などは、会社全体の費用となるため、間接費として計上し、プロジェクトにかかった直接費とは別に会計しています。

2部門の組織における縦の関係と横の関係

会社の部門としては賃貸と都市開発の2部門に分かれていますが、社員は15人しか在籍していないので、基本的に全員が集まって合同会議を行います。直接関係していない業務だとしても、お互いに何をしているのかを知っておくことにより、知識の幅を広げるとともに、風通しのいい社風を築く狙いがあります。

一般的な話になりますが、業務の縦割り・横割りにはそれぞれメリットとデメリットがあります。縦割りを徹底すると、会計面で正確に収支決算ができる半面、クローズドとなってしまい、周りから何の業務をしているのか不透明になります。一方、横割りしすぎると、部門間の業務内容の差が明確にわかってしまい、同じ給料をもらっているのにあっちのほうが楽をしているといった不公平感があらわになってしまうことがあります。私の会社にはそこまでの業務内容の差はなく、ほぼ全員がすべてに関わっている状態に近いので、この縦割りと横割りを混在させて上手に使い分けていると表現すると、適切な説明になると思います。企業は大小を問わず、縦と横を適度につなぐことによって、会社システムは有効に運営されるのです。

２０１７年からは、賃貸部門と都市開発部門の間で人事交流として社員を異動させたため、より直接的に互いの業務を知ることになりました。今後もこうした異動は行っていく予定です。

また16年からは、店舗の隣に新たにリフォーム事業部門をオープンしました。古くから住んでいる住民が多く、不動産売買はしないけれども家屋にトラブルが発生しているので直したいというニーズが高く、新たに部門として設置することになりました。このように部門がひとつ増えたのも、営業マンたちが住民の方々から直接話をうかがうことによって相談件数が多く、十分に採算が取れる事業になると見込めたからこその結果です。現時点では、都市開発部門の社員がリフォーム事業部との兼任で担当していますが、将来的に要望が増えた場合には、兼務ではなく専属の担当を置くことになるかもしれません。それは今後の営業活動次第です。

各部門の上には、社長をはじめ役員の集まる経営会議が置かれています。ここですべての事業についての予算の割当てやスケジュールの調整、全部門全プロジェクトの収支の照らし合わせなどが決められます。事業計画を立てるのもこの部門です。

ただし、不動産という業種については、たとえば国際情勢や為替、景気動向や地価などがすべて反映されるため、そのときどきでどのような展開を見せるのかわかりにくい部分があります。東京オリンピックが近づいてきて、その後に景気が悪化すると見られていますが、本当に今回も悪化するのかは明言できません。現在、株価が久しぶりに上昇を続けていますが、これもいつ弾けるかわからず、もしかしたら東京オリンピック前にもう弾け飛んでしまう可能性もあり得ます。政権交代、戦争、自然災害など、予測のできないことが多々起こるため、10年などにわたる長期計画を立てる意味がありません。

経営会議でも、その点を踏まえて3年単位の中期計画までとし、それを年ごと、月ごとに分割してクリアしていき、最終的に目標に達することを目指しています。18年が最初の3カ年計画の最終年度になり、ほぼ目標に達する見込みですが、今度は次の3年に向けての中期計画を立てなければなりません。

今回は、18年に初めてグループカンパニーとして独立する社員がいるため、経営会議には17年から加入してもらい、実際の経営知識を学んでもらっています。次の事業計画では彼が支店を開業することになりますから、それを踏まえて初めて支店込みの計画を練る必要があります。社員としてのアライアンス・ネットワークの試みも初めてです。イメージは思い描いていますが、最初はいろいろと困難もあるはずです。それを乗り越えられれば、私たちとしても社員独立に関する経験値を高めることになるため、重要な年度となるでしょう。

できるかぎりの情報を収集して営業に活かす

私の会社の業務形態は基本的にトップダウン型で、営業で集めてきた受注を経営会議で取りまとめ、詳細を検討して担当者に戻すスタイルを取っています。というのも、再建を始めてからまだ3年、不動産に関しては素人の営業マンを集めてきたため、下から上がってくる提案がなく、待っていられないというのが実情です。社員には、今のうちにとにかくなんでも経験することを優先させています。すると、当然ミスが起こります。自分でミスの報告をしなければなりませんが、それも経験。そこで私たちがアドバイスをしますし、自分でもどう解決すべきか考えさせます。そのミスと解決を経験することで次に同じ失敗をしなければ、彼は成長したことになります。失敗を責めるのは簡単ですが、それよりも建設的な意見を互いに交わすことのほうが重要です。本人以外の社員も、それを聞いて同じような状況になったときに対処する方法を学んでいき、知識をつけることで、お互いに成長し合えるのです。営業は座学ではなく経験が頼りです。その意味では、社内で常にPDCAサイクルを回している状態になっており、社員全員の成長を促しています。

また新規の試みとして、賃貸、売買ともに、前年度の業績と比較することによって年間のトレンドを計測するように改変しました。最初にトレンド計測を口に出したときには、「目的がわからない」と賛同を得られなかったのですが、今ではその意味を全員が理解してくれ、協力してもらえるようになりました。

トレンド計測をするようになった結果、特に賃貸については、入学や転勤などが多い春と秋に需要が高いほか、この地域ならではの需要の特性も見えてきました。トレンド比較をすることによって月ごとの収益が明確になり、会社全体の繁忙期と閑散期が把握できるようになります。収益が落ちやすい時期には説明会や見学会、その他のイベントなどを入れて、1年を通して同じくらいの業務量で推移するよう調節することができます。行き当たりばったりでは繁忙期に業務が集中しすぎて達成できず、お客様に対して迷惑がかかってしまいますから、それを避けるための対応としてとても有効です。

顧客データの収集にしても、その家庭の職業や年収、家族構成、お子さんやお孫さんがいたら人数やだいたいの年齢などまで、なるべく詳しくデータにまとめ、社内で情報を共有しています。地域住民の皆さんのことをすべて知っておくぐらいのアプローチがなければ、適切な営業活動はできません。まずは世間話ができるくらいの情報を持ち、営業をかける前に立ち話をして住民の方々からの信頼を得ることが大切です。お互いに顔なじみになることではじめて、お客様から本音を引き出すことができます。

これは営業マンではなく、店舗の女子社員の例ですが、店に顔を出すお客様がいつも連れてくるお子さんがいて、その子が店にあるお菓子を選んで食べていたそうです。それを記憶していて、次に来店した際、そのお菓子を用意しておいたという話があります。こうした些細な心遣いから、その先にあるいろいろな情報が集まってきます。このような気づきが大切なのです。

愛想もなく、来店したお客様の前に希望に沿った住居のリストをただ並べるのではなく、こちら側からおもてなしをする心が、多くの町の不動産屋には欠けているのだと思います。そこを改革するために私がやってきたのですから、旧態依然とした発想自体をひっくり返して新しい「町の不動産屋」のモデルをつくることが使命です。実際にある程度の成功をここまで収めていますから、こうした手法を取り入れれば、経営不振に嘆くことはなくなるのではないか。私はそう考えます。

経営できるだけの知識を3年で身につけさせる

営業スタッフを採用する際に、不動産営業の知識を問わず、営業に慣れている人材を面接し、ひたむきに行動し人当たりも良い人材を見つけて東京に連れてきました。ですから不動産に関わったことがないというだけで、営業マンとしてはすでにプロです。必要な知識は後から覚えれば十分です。ただ、私は3年で一人前の営業マンに仕立て上げ、後々には経営者になれるノウハウを授けることを約束しました。その約束を果たさなければ、彼らに申し訳ないことになってしまいます。

もともと優れた営業マンですから、一から営業ノウハウを教える必要はありませんが、不動産業特有のポイントはいろいろとあります。うちは現場第一主義ですから、必ずチームリーダーが新入社員のマネージャーとなり、新入社員を現場に連れていって目の前で交渉や折衝の仕方などを見せて覚えてもらっています。またサポートの補完として私も協力します。新入社員の中には、先輩の交渉の仕方などのやり取りをこっそり録音し、あとから聞き直して勉強している者もいました。

こうして1カ月ぐらい付き添いをしたら、今度は一人で現場に行かせ、訪問営業をしてもらいます。最初は当然ながら失敗して、まったくドアを開けてもらえないことの連続です。交渉の経験のあるなしで明らかに営業成績は異なるため、1日のアポイント数も非常に少なく終わって会社に戻ってきます。いくら営業のプロとはいえ、異なった業種ではアプローチの仕方も違いますから、あとは経験するのみです。サポートする側は、ドアを開けてもらえなかったらどのようにこじ開けるかのアドバイスをし、それを受けた社員は翌日リベンジに向かうということの繰り返しです。社員も、それぐらいではくじけない人材を最初から選抜していますから、ひたすら真っすぐに向かっていきます。

ドアを開けてもらえるようになったら、会社名とこの地域を担当することになった旨を告げ、世間話をするようにさせています。こうして営業経験を増やしていって力を養っていきます。習得レベルには個人差がありますから、若干不得意な様子だったら、付いて行く日数をもう少し長めに設定して、交渉の仕方を見せる機会を増やしてレベルを高めてあげます。

ただ、やらせておきながらこういうのも変ですが、訪問営業は難しいものだと私も理解しています。人が苦手な人材は最初からいませんが、本人の見た目や体格など、その気がなくても容姿が相手に威圧感を与えてしまう場合もあります。また逆に、「チャラい」感じでも、何千万円の取引を任せる気にはならないでしょう。そこはもう本人次第で、何とか笑顔でインターホンを押し、答えてもらえるように努力しなければなりません。笑いすぎても不自然で怪しまれますから、まず自分なりの営業スタイルを経験の中から見つけ出してもらうしかないのです。

見た目や雰囲気でいえば、私の会社の社員は全般的に年齢が若く20代後半から30代半ばが中心ですから、若すぎて信頼してもらえないという苦労は、みんなが経験するようです。理論や不動産売買の手続きなどを説明するのは誰でも覚えればできることですが、「こうした理由で今行動を起こすべき」と説得する際には、若さがどうしても邪魔をして言葉が軽く聞こえてしまいます。扱う商品が高額である以上、信頼してもらうには「大人の貫禄」が必要となります。本当に貫禄がつくのを待つなら、30代後半以降になってしまうので、このお宅には芽があると思ったら、私たちが同行して改めてご挨拶するという形でフォローすることになります。

年齢とともに、もうひとつ難しい点を挙げるなら、名刺の問題です。新入社員ですから、名刺に会社名と部署は書かれていても、肩書はないのが当然です。やはり扱う商品上、肩書のある人間が訪れないと信頼してもらえないという不利な点があるのです。こんなときに、名刺の威力を改めて感じます。この場合も私たちが出ていって上手に交渉すれば、信用してもらえます。そこで一旦顔見知りになれば、若手でも次に訪れたときにはドアを開けてくれ、挨拶に応えてくれるようになります。

そもそも経験者が営業にうかがっても、お客様のほうで売ろうかどうしようかと迷っているケースが多く、明確な回答を即座にもらえることはそうありません。訪問を受けてから家族と相談したり、ずっと迷い続けたままだったりさまざまです。つまり不動産の訪問営業は、こうした迷っている人たちを見つける作業でもあります。

そんな顧客候補者を見つけたら、私たちを伴って訪問したり、会社に来てもらったり、土地活用のイメージが固まっていない人にはカウンセリングをして最適な対処法を探ったりして、背中を押してあげる作業が必要となります。

そういった意味では、現時点でお客様を見つけて会社まで来てもらい、自分ひとりで成約にまで持っていける社員は2人ぐらいしかいないのですが、近い将来、全社員が同様に交渉から成約までできるようにしなければ、私自身が社員に対して約束を果たしていないことになります。だから、できるだけ経験値を高めて、私たちの交渉方法を見て学んでもらい、早く一人前になってもらいたいとサポートを続けています。

不動産仲介業の経営者を目指すときにどうしても必要になるのは、宅建の資格です。国家資格を持っていれば、部署の肩書がなくても、資格という肩書を名刺に刷り込むことができます。これで信用度はずいぶんと変わります。

とはいえ、簡単に取得できる資格でもないので、きちんとした勉強が必要です。そこで、希望者には毎週月曜日の夕方6時から1時間ほど、宅建受験用の勉強会を実施しています。現在、受講者7人に対して私が講師となって学習用のＤＶＤを見せ、その後に知っているかぎりのノウハウを併せて解説していきます。1人でも多くの宅建合格者が増えてくれれば、会社の強みはさらに増すことになるでしょう。

将来のお客様候補をつなぎとめておく技術

第3章で実例を紹介した際、「今はまだ不動産を買うべきではない」とアドバイスした例がありました。ほかにも、今すぐに売買はしないけれどもそのうち相続が必要になったら、といった理由で、直近の顧客にならない方々は大勢います。

このような「見込み客」をみすみす逃すことは大きな損失になりますから、一度でもご挨拶してメールアドレスを教えていただいた方々には、月に1~2回、大井町のお買い得情報やイベント情報などをまとめたメールマガジンを一斉配信しています。

私たちのことを忘れていても、気づいたらメールが届いているので、思い出してもらえる確率が高くなります。情報を送り続けて、何年か後にお客様になってくれればいいと願って、拒否されないかぎりは諦めず、ずっと送り続けることが重要です。

その人が後にお客様になってくれるかどうかは、やはり直接話してみなければわかりません。前述のケースも、話しているうちに親がどうも定年退職しているようだ、ならば親からの支援はないのではないか、という雰囲気が会話の端々から漂ってくるのを感じました。これは相手の心の中を探りながら質問し、回答を聞いて考えてまた質問するという行為の繰り返しです。なかなか簡単にできるものではありません。

相手から情報を引き出すためには、安心してもらえるように、まず自分のことをさらけ出して相手の胸の中に飛び込み、内情を探っていく技術が必要です。そして、相手の心に響くようなコミュニケーションを展開するのです。習得するには多くの人に接して経験を積むしか方法はありません。頭をフル回転させるエネルギーを要しますから、私でも1日3人を応対したら、すっかりクタクタになってしまうほどです。

そのためにも、どんな些細なことでもいいから相手のデータを詳細にとっておき、それを参考に話しかけなければなりません。もし随分前に話してもらったことを何年後かにこちらから話せば、「ここまで私のことを覚えていてくれた」という感動が、相手に押し寄せてくるはずです。こういうコミュニケーションをするために、詳細な個人データを蓄積しておく必要があります。直接会わなくても、たまに電話をして「お子さんは小学校に入りましたか」といった具合に、「あなたの家庭のことをいつも考えています」という気持ちを伝えることで、また相手の心をつなぎとめておくことができるのです。

その点、大手不動産業社は、そこまでお客様に入り込むことはできません。ある担当者と会話する機会があったとしても、その担当者が転勤したり、会社を辞めてしまったりすることはよくあります。その際に、比較的丁寧な会社なら、担当を交代した連絡を入れてくれることもありますが、それさえないことも少なくありません。

その点、小出不動産は会社があるかぎり、この池上通りの交差点から移動しません。ここに来ていただければ、見慣れた顔がいる、ということを覚えておいてもらえれば、お客様も安心して私たちに心を開いてくれます。

逆に条件が折り合わず、これ以上話が進まないというケースもあります。その場合には、諦めてもらうように仕向けるのですが、だからといって後味が悪くなるような対応をしてしまっては、こちらは逃げることができない分不利です。その方の口コミでいかようにも店の噂は広まっていきますから、決して怒らせたりせずに、「今回は残念でしたが、また何かあったら」という流れになるよう話を展開していきます。そこでの対応がよければ、別の案件で相談に来られるかもしれないし、ほかの方が不動産や相続で悩んでいるときに紹介してもらえるかもしれません。

提供できる不動産情報は、基本的に大手でも中小でも、共通した情報が手に入ります。ここで差別化を図るならば、その術は相手に対して与えられる情報の差だといえるでしょう。相手が100の情報をほしいと思っているときに、コミュニケーションがうまく取れなかったり、出し惜しみしたりして20しか提供できない人が担当者だったら、必ず不満が残りますし、取引しようという気も起きることはないでしょう。

一般のお客様は、大手企業のほうが規模が大きいからたくさん情報を持っていて、100の情報をもらえると信じがちです。それは会社の知名度が信用力と結びついているからです。

しかし、そこで20しかもらえなかったときに、たまたま小出不動産が目に入り、ふらっと訪ねてみたところストライクの100をくれる担当者がいた場合、どちらが信頼されるでしょうか。もちろん小出不動産のほうです。

相手が満足するレベルの情報提供をするためには、何をどれぐらい求めているかを探る必要があります。それが会話の技術です。

バブル期に地上げなどがあって、口車に乗せられて財産を失ったという話もあり、大きなお金が動く不動産取引では営業担当者を疑ってかかる人たちがまだ大勢います。そのような人たちに、嘘の情報を与えたらたちまち詐欺罪となりますし、情報を小出しにするのも、何か企んでいると勘ぐられて信頼を勝ち取れません。

だからこそ、本当の自分をさらけ出してお客様に向き合うのです。話を誇張するのは程度によってはギリギリありだと思いますが、嘘をついた途端、もう信頼は簡単には回復できません。

自分の生い立ちでも、これまでの実績でも、売った人や買った人の実話でもいいですから、自分が知り得ることを素直に話し、問いかけることによって話題を膨らませていき、お客様の閉ざされている心の扉を開くことで、求めている100の要望が浮かび上がってきます。それに真摯に答えることで、「知りたい欲」を満たし信用へとつなげることができます。

社員には「小出不動産ならいいんじゃない？」と思ってもらえる会社にしていくためには、まず自分を売り込むことが必要だということを教育してあります。どんなときでもコミュニケーションのスタートは、まず自分から。私たちはこの場所から絶対にいなくならないし、一生のお付き合いができるという点を強く主張して、末長い信頼関係を築くことが重要です。

［第6章］

地域経済に貢献する不動産会社だけが苦しい時代に〝一人勝ち〟できる

大井町という地元をもって

振り返ってみれば、私たちは多くの偶然が重なって今、大井町に立っています。

私が不動産会社を経由して企業の再建コンサルタントになっていたこと。結婚した妻の実家が大井町にある町の不動産屋だったこと。義父が亡くなり、義兄とともに再建を頼まれたこと。何より大井町が、今や国内外の空の窓口となった羽田空港のお膝元で、東急線から京浜東北線、りんかい線などたくさんの電車が交差した一大ターミナルへと変貌を遂げたことです。

本来なら東急電鉄が開発を手掛けていてもおかしくはない沿線なのに、手付かずに近い状態で町が残り、高層マンションや巨大な複合施設もほとんどありません。

こうした偶然が重なりあった結果、私たちは旧来の不動産屋から脱皮する道を選んだのです。

創業67年の看板の下、地元では賃貸でのみ知られていました。不動産の売買については目黒区や大田区など離れた土地をメインに扱っていて、大井町の不動産売買は積極的には行っていなかったのです。

これまで売買ではノータッチだったこのエリアを、大手不動産業社が本格的に介入してこないうちに、地元に根付いた不動産仲介業である私たち自身の手で再開発していこうと決心しました。

私たちには大手のように全国的なブランディングはできないけれども、こちらはこまめに泥臭く一軒一軒地元のお宅を訪ねて、遊休地を探したり、自宅の土地を売りたい・買いたいというニーズを掘り起こしたり、小さな点と点をつないでいく私たちなりのブランディングが可能な余地があると見たからです。「待ち」の不動産屋を卒業し、売買を積極的に行える人材を集めて「攻め」でこちらから働きかける不動産屋に大きく方向転換を図りました。


そして3年かけて築き上げたのが、「地元の人々とのつながり」です。

私たち自身がコーポレートカラーの揃いのTシャツを着て活動している姿を見てもらうことで、「同じ会社の人たちだ」「あの緑色の人たちはあそこの小出さんのところの人たちだって」「小出さんたち、こんなこともしているの」と緑色のポロシャツと会社の名前を結びつけて認識してもらえるよう、自分たちが広告塔そのものになる方法を導入しました。

その姿でいろいろと住民の方々の相続問題の相談に乗ったり、交渉事をサポートしたり、清掃活動を自主的に行ったりして、今度は行動と会社名の結びつけを浸透させていく努力をしました。

地域の美容院、理容店など人の集まりやすいところに営業をかけて親しくさせてもらい、また地元商店街の割引券をチラシに刷り込むなどして、地域でのお客様集めを一緒に働きかけてもらい、駅前から離れている分のデメリットがメリットに変わるよう、地元に活気を取り戻す働きかけに協力していただいています。

家屋の修繕などに関する作業については、品川区内にも多くの職人や業者がいるのですが、その存在が知られていないだけです。どこに頼んだらいいのかわからないから大手業者に連絡し、順番待ちの時間を要することになるのですが、すぐに直してくれる人たちがいるのならそっちのほうが便利なのは明らかです。その「どこに頼んだらいいのかわからないこと」の解決方法を代わりに探して、技術を持つ近隣の人々に頼んでやってもらうという作業を繰り返すうちに、職人や業者とのパイプができてきます。そのリストが蓄積されれば、何かあったときにすぐにお願いできるシステムが構築されます。ようやくそのネットワークも多岐にわたるようになって、住生活に関することならどんなことにでもすぐに対応できるようになってきました。

こうして、会社のイメージと会社ができること、実務のネットワークがひとつにまとまり、人や店、職人、業者などお互いがお互いを助け合う、双方向関係のコミュニティーの基礎をつくることに成功しました。

各営業マンが担当エリアを毎日回って歩き、地元のお祭りやイベントに揃いの緑色のポロシャツで参加し、清掃部隊をつくって地元の公園の清掃活動を行ってきたこれまでの努力が、ようやく地域に認知してもらえるようになったのです。今ではポロシャツを見かけて、声をかけていただくことも増えました。

従来の不動産屋にとって建築やリフォームは遠からず近からずのポジションにあり、関連がなくはないけれども正面からは扱わないという、微妙な立ち位置にありました。しかし、エリアの皆さんからうかがった要望を集めてみると、かなり年季の入った家なので建て替えたい、修繕したいという意見をずいぶん多くいただきました。大工やクロス職人、電気工事など、品川区内の小さな町の業者や個人事業主とのネットワークを使ったリフォームは、一定の需要が見込めることから、窓口としてリフォーム事業部を立ち上げ、事業を支えてもらっています。建築については、都市開発事業の一環としてハウスメーカーとの提携で間を取り持つことで、事業に結びつけることができるようになりました。

今ではもう、雨漏りや畳の張替え、植木の剪定など、困ったことがあったときに声をかけていただければ、提携している職人や業者にすぐ対応してもらえます。住生活のことについてはすべてお任せいただく準備が整いました。

小さなエリアに特化して密着する意味

たとえばかつてはたくさんあった旧都銀系銀行はいまや3大メガバンクが中心となり、流通業界もいつの間にかスーパー・コンビニ系大手2社が抜きん出ています。数々の個性的な企業や店が、どんどん集約されていき、大手だけしか生き残れない時代となってきたのでしょうか。

不動産仲介業も全国展開する大手が、ネームバリューだけをとっても圧倒的に有利です。名前を聞いただけで、「ここなら安心」とオーナーの皆さんが考えるのも無理はありません。

しかし、その大手企業の支店が、地元にどれだけ貢献してくれているかという点に絞ると、疑問符が浮かぶのではないかと思います。知名度や規模で信頼度は高そうに見えるけれども、その営業マンはずっとその地域にいて、ずっと相手をしてくれるのだろうか。その営業マンを、ほかの人にも薦めたいと思うか。こうした視点から大企業を見ると、全国展開する分、広く浅くの対応になっているのではないでしょうか。

大量生産は単体だけ見ると美しいのですが、並べてしまうとどれも同じで個性を失っています。同じ建物が並ぶ分譲住宅の違和感と同じです。

私たちが目指したのは、広く浅くではなく、狭く深くの方向です。同じものばかりでなくてもいい。個性を大切にし、その雰囲気を壊さずに再開発し、維持していく方向性を選択しました。

ただ私たちはボランティア団体ではなく、企業です。一定の収益を上げることができなければ、その取り組みは失敗したことになり、とっくに撤退していたでしょう。しかし、ニッチなところを掘り起こすことでお互いにウィン・ウィンの関係に持ち込めることがわかったのですから、それを手放す必要はありません。事業としての取り組みに成功したのです。

私たちの緑色のポロシャツは御用聞きの目印です。何でも相談してもらえれば、それに速やかに答える努力を惜しみません。むしろ、人とのつながりを重要視すると、範囲を広げることは簡単ではありません。受けた相談をすぐに専門業者に持っていき、見積もりを出してもらって相談相手に持っていく。こんなフットワークの軽さを売りにしていますから、範囲を広げることができません。むしろ絞り込んだからこそできるようになった対応です。

無機質な町ではなく、小規模でも生活感のある生きた町をつくることが、私たちの選んだ「超密着型」の意味です。

私たちは町の何でも屋

大井町は古くから続く家が多くありますから、住民の年齢層も比較的高めに推移しています。老夫婦や連れ添いを失った一人暮らしという家庭がたくさんあるため、町を歩いていると、「この家の息子さんがマンションを買ったそうだから、この土地はそのうち売りに出るんだろうな」とか、「ここのおばあちゃん、一人暮らしなのに認知症が始まったという話だな」などと心配になることがよくあります。今は大丈夫でも、そのうちに何らかの問題やトラブルが発生するでしょうから、経験上、早いうちから対策を検討しておいたほうが安心です。

特に多いのは相続、介護、認知症などの問題です。土地を持っている高齢者の家庭なら、どれかに当てはまる可能性が高いと思います。

私たちは同じ町内の住民としてずっと近くにいますから、そのメリットを生かしていただきたい。相続ならば相続診断士を擁する私たちや法律の専門家が相談に乗ることができますし、介護施設を探せる経験値もあります。高齢の一人暮らしのオーナーさんが認知症になり、家賃収入の計算を間違えてややこしいことになったこともあります。弁護士との交渉もしました。

町をくまなく歩いていれば、何かの問題にぶつかります。それを解決して社員全員で共有し、新たな問題に取り組みますから、経験の蓄積は十分にあるといえます。仕事ですからいずれは収益に結びつくことが前提ではありますが、大手のように早急に果実を求めてはいません。私たちは大井町を離れませんから、いつか実るのを待ちつつ、今サービスを提供しているのです。長期的な視野を持ち、末永くお付き合いしていくことのほうを重要視しているのです。

一人暮らしのお年寄りの見守りにもなるべく気を遣っています。サービスを提供し続けていればいつか住民の皆さんに認められて、お金はあとからついてくると確信していますから、目先の数字を追うようなことはしません。その代わり、いつか相続のときなどで私たちのことが必要になったときには、声をかけてもらいやすくなるだろうと考えて、つなぎとめておく力を養い、町全体にセールスをかけているのです。

こうしてまいた種のうち実らないものがほとんどでしょうが、わずかな実りがあったらそれを大切に育てて刈り取る。以前にまいた種が、次の種をまくことによって複合的に連鎖して新たに実ったということもあります。現在の収益は、過去のまいた種が長い時間をかけてやっと果実となった結果なのです。

最初のステップを維持しながら次のステップへ

どんな商売でも、成功する秘訣はたったひとつ。売れる商品を持つことです。

これまで不動産屋は「売れ筋商品」が存在しないと考えられていたところがありますが、こちらから売るための努力をすれば、不動産も人気になることが証明されました。それが人気殺到のコンセプト住宅であり、必ず土地が売れる「売却保証プライス」などのアイデアです。土地に付加価値をつけて高く売る方法を考えたところ、利益を生み出すことができました。どれも「攻め」の体質になったからこそ誕生したものです。

私が常に言っていることは、「斬新なビジネスモデルを持つ」ということです。「斬新」という言葉は「断ち切って新しく」という意味です。ちょっと変わったことをした程度ではまったく目立ちません。従来の発想を捨てて思い切り新しいことを実行しなければ注目されないということです。

広範囲に手を広げていく企業が多いなか、あえて範囲を限定して深く攻めていく方法を取って、順調に収益を伸ばすことができたことで、私たちのビジネスモデルがひとつの成功を収めたことが確認できました。地元に貢献し、相談役や交渉の代理人になってくれる、といったサービスの認知度が高まれば、会社の業績は伸ばせるのです。

ただ、私たちも売名行為でいろいろと相談に乗っているわけではないですし、利益が出たらもう放り出して次へ行くハイエナのようなことをするつもりもありません。サービスも過剰になれば、いやらしく見えてしまいます。どこまで提供するかという点はきちんと線引きをしておかなければいけないでしょう。ただ、私たちは大井町から逃げも隠れもせず、この町に根付いてこの町とともに地域の活性化を前提としたビジネスを継続していくことを一貫して続けていく決意で臨んでいます。

会社を再建すると決めたときから、私たちはこの地元にたくさんの種をまき続けてきました。種をまいた翌日から急に芽がでて実がなることはあり得ません。芽が出ることを信じて、辛抱するだけです。ただ、種をまかなければ絶対に実ることはないのです。まいて、芽が出て、育てて、刈り取る。このスキームが3年かかってようやく波に乗り、すべてが同時進行するようになってきました。ひとつのビジネスを成功させるには、やはり3年ぐらいの期間は見ておく必要があるでしょう。

諦めずに種をまき続けていると、いつかどこかのタイミングでふと、芽が出そうな兆候が感じられるはずです。その瞬間に気づくことは重要です。このままやっていけばどうにかなりそうだ、というイメージが感じられれば、それは継続するエネルギーとなり、やる気がますますわいてくるでしょう。これが会社の活気になっていくのです。

サイクルが一回りしたら、止まらないように、今度はサイクルが回り続けるための継続性を維持する方法を考えていく必要があります。

私たちとしては、これまで一辺倒の種をまき続けてきたので、今度は別の種をまいて新しいサイクルを作り出す段階に入った感触があります。

具体的には、最初のサイクルは喫緊の課題だった不動産売買の分野だったのですが、何とか安定し始めた手ごたえがあります。

次の種は賃貸です。最近、社内で賃貸部門と都市開発部門の人事交流を図ったのは、次に賃貸のステップに本腰を入るための準備でもあります。賃貸と不動産売買という両輪をフルに回してこそ、本来の姿なのですから、今度は賃貸に重きをおいて新しい3年間を始めようと考えています。

またコンセプト住宅については、ペット共生に続く新しいコンセプトの検討も始める予定です。ニッチなアイデアでも、そのファンは必ず一定人数存在します。こうした方々を集め、趣味や興味に没頭できるような家造りは、今後も継続していくことになるでしょう。

大雑把な見通しですが、東京オリンピックまでは景気はこのまま好調を維持するのではないでしょうか。ただ、その後は心配なので、前年の2019年ごろからは不動産の仕入れをやや控えめにして様子をうかがっておくのが無難なのではないかと考えています。

また今後も、経営者として成長した社員が独立していくことが続くと思います。理想はお互いに情報共有をし、助け合いながら元社員同士でウィン・ウィンの成功を収めることです。

社員、住民、職人、業者、企業をより一層固く結びつけ、大井町を拠点に点と点をつないで線として、まずは東急大井町線に「アライアンス・ネットワーク」を拡大していくことが目標です。事業は始まったばかりなのです。

おわりに

実感なき好景気が続いていると言われています。日本国内の全企業数のうち99・7％が中小企業であり、儲かっているのはわずか0・3％の大企業と一握りの中小企業で、しかも企業の内部留保は過去最大を記録する一方、庶民の懐が温まる気配はありません。企業の倒産数も増えています。

特に不動産関連は景気に左右されやすい業界で、現状は一部の大手企業だけが力を持ち、中小の不動産屋は苦境に立たされていました。

私たちも、厳しい向かい風を受けていた小規模企業のひとつです。その打開策として、企業の再建を手掛けてきた経営コンサルタントの私が、義兄である社長とともに会社の立て直しを担うことになりました。大手の資金力と知名度に勝つためにはどうすればいいか。頭を悩ませて思いついたのが、大井町というターミナル駅の立地を生かし、これまで手つかずのままだった地元に「狭く深く」入り込むことでした。

その目標を実行に移すために新規に採用した若手社員たちが、緑色のポロシャツ姿で走り回り、思った以上の活躍を見せてくれました。日々、担当地域のお宅の「御用聞き」に務め、不動産の枠にとらわれない営業活動と地域貢献活動を少しずつ積み重ねてきたのです。その結果、一時は経営を危ぶまれた小出不動産は息を吹き返し、想定していた目標をクリアすることができました。今や私たちは「町の何でも屋」です。3年にわたってまいた種が花を咲かせ、やっと実りの時期に至ったことで、私たちが選んだ「超地域密着」という経営方法は間違っていなかったことが証明されたのです。

私たちが今日あるのも、この大井町という昔ながらの町があったからこそです。人の優しさ、職人たちの技術の高さ、落ち着いた街並み。私たちを取り巻く人情と風情に助けていただき、創業67年という歴史が築かれてきました。そしてこれからも、創設時以来のモットー「お客様との共存共栄」を貫いて、この地でより良い住空間と都市空間の提供を引き続き目指していきます。

苦しい時期も多くありましたが、新たに「超地域密着」という活路を見出し、経営方針の大転換を狙って船出した新生・小出不動産の歴史はまだ始まったばかりです。東京オリンピックをひとつのめどとし、そこからさらに10年、20年と、地域活性化を図りながら、東急大井町線沿線を中心にさらなるアライアンス・ネットワークを築き、大手には真似できない斬新な不動産仲介業の改革を進めていくつもりです。

度重なる自然災害や少子高齢化問題による人口減少など、私たちの未来は必ずしも保証されたものではありません。しかし、一人ではくじけてしまうような困難も、互いに力を合わせればきっと乗り越えることができます。ビジネスを通じて私たちを取り巻く人々の心や知恵や技術を互いに結びつけることができれば、必ず「笑顔の未来」が訪れるに違いないと信じ、私たちは使命感を持って臨んでいます。これが、本書にも何度も登場した「繋がろう！　明日の笑顔のために。」というスローガンなのです。地元のより多くの人々が集まり、一丸となって進んでいけば、本来の何倍もの力を発揮して笑顔にあふれた未来を築いていけるはずです。私たちのビジネスモデルも、ようやく第2ステージに入りました。しかしこれからも変わらず地域の要望にこまめに応え続けることで、小出不動産はさらなる活力を生み出し、前に向かって進むことができるのです。

本書の執筆を通して、大手に脅威を感じている同業者や、また異なった業種で地域により根付いていこうと考えていらっしゃる方々の店舗経営において、多少なりとも参考になれば幸いです。

２０１８年吉日

株式会社小出不動産　執行役員　事業部長

徳島　雅治

徳島 雅治（とくしま まさはる）

株式会社小出不動産 執行役員。バブル隆盛期に不動産業界に入り、数多くの販売実績を上げた後、その経験を生かして企業の経営再建・承継コンサルタントに転身。数多くの企業や商店街の再建に取り組む。机上のアイデア提案に留まらず、その企業に自ら飛び込んで経営を主導し、内部から再建を図る行動派コンサルティングが持ち味。その実績を携えて2014年に小出不動産に入社。従来の不動産仲介業の常識を覆す経営戦略と営業活動を導入し、新しい「地域密着」型不動産仲介業を展開中。

小さな不動産会社の一人勝ち戦略

二〇一八年三月二〇日 第一刷発行

著者 徳島雅治
発行人 久保田貴幸
発行元 株式会社 幻冬舎メディアコンサルティング
〒一五一-〇〇五一 東京都渋谷区千駄ヶ谷四-九-七
電話〇三-五四一一-六四四〇（編集）
発売元 株式会社 幻冬舎
〒一五一-〇〇五一 東京都渋谷区千駄ヶ谷四-九-七
電話〇三-五四一一-六二二二（営業）
装丁 幻冬舎メディアコンサルティング 編集局
印刷・製本 シナノ書籍印刷株式会社

検印廃止

Printed in Japan ISBN978-4-344-91553-4 C0034
幻冬舎メディアコンサルティングHP http://www.gentosha-mc.com/